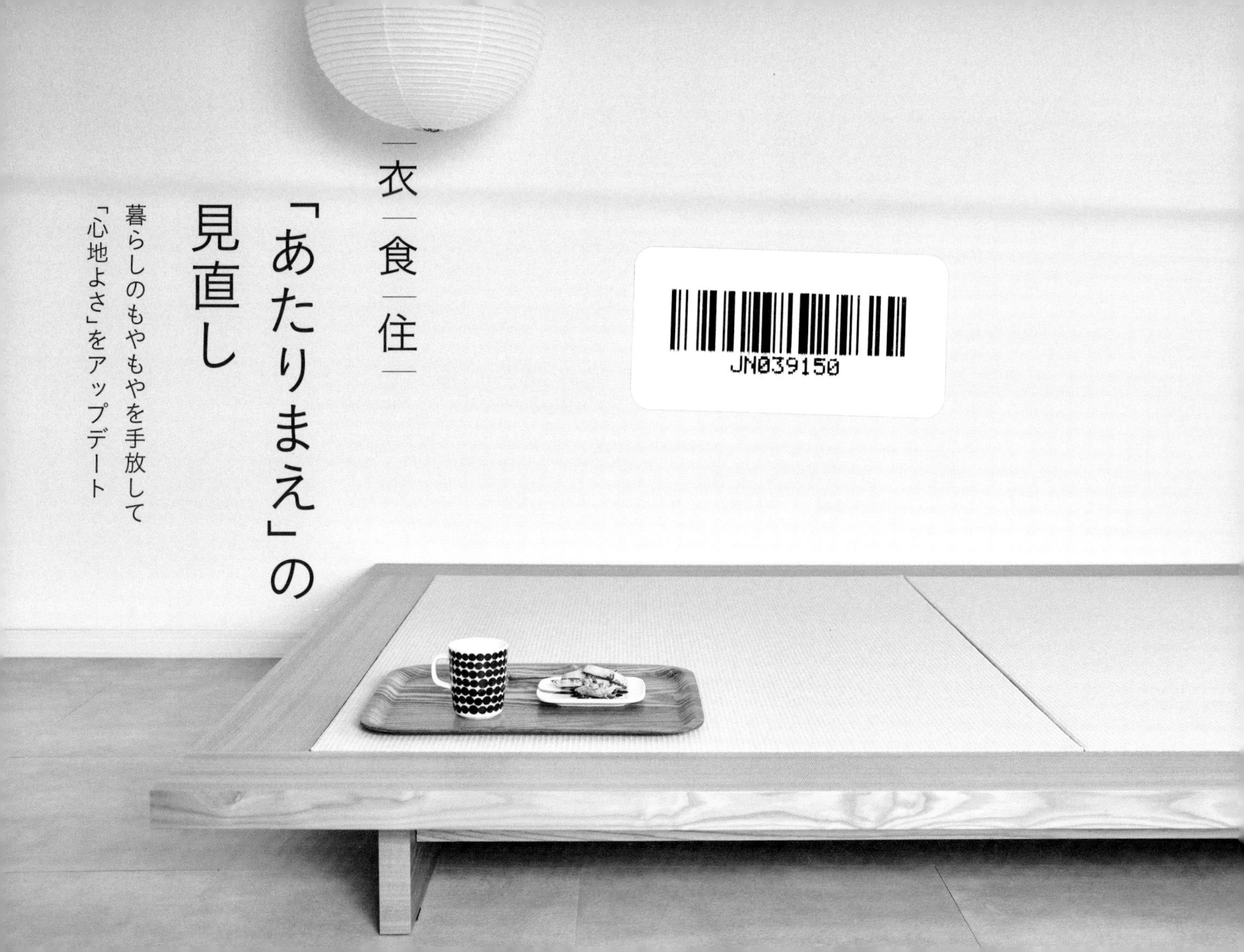

—衣—食—住—

「あたりまえ」の見直し

暮らしのもやもやを手放して
「心地よさ」をアップデート

PROLOGUE

たとえば蒸し物を作りたいとき。
その調理方法は、せいろでも、ステンレススチーマーでも、
レンチンでも、何だっていいはず。
ていねいに作りたいときと、サッと作りたいときとでは
選ぶ道具や調理の仕方は違って当然。
時間をかけて作った充実感がおいしさにつながることもあるし、
忙しいときに手間をかけずにでき上がる、ありがたさもある。

大事にしたいのは、そのときの自分の気持ちや状態。
それは言いかえれば
今の自分のために何を選ばないか、ということ。

ところが暮らしは、どんなものを得て、どんな暮らしを築いて、と
時間の経過とともにプラス方向に進んでいくので
無意識のうちに、あれもこれもと抱え込んでしまう。
一方、何かを手放すという選択は、意識的に行わねばなりません。
そのために、凝り固まった思考を整理したり、
身の丈に合わないものを捨てたり、
しっくりこない習慣を改めたり。

じつは、この「あたりまえ」の「見直し」こそが
日々の「心地よさ」をアップデートするカギ。

何を大事に、何を捨て、どう生きるのか。
それぞれの〝「あたりまえ」の見直し〟を追った全6話を
どうぞお楽しみください。

もくじ

Column
心地よく暮らすための見直し

Interview
暮らしの改革

Example

CASE 1

apartment301さんの「あたりまえ」の見直し

Type：賃貸マンション

間取り：ワンルーム

Resident：1人

「いつか使うもの」「あったら便利」は、なくてもいいもの

過去でも未来でもなく「今」にしっかり目を向けて暮らしたい。

振り返ること12年前。ひとり暮らしを始めることになったapartment301さんが住処《すみか》に選んだのは、ごく一般的なワンルーム。マンション周辺に土地勘があったこと、そしてなにより、部屋探しの第一条件だった「家賃の安さ」が決め手となった。そこに好みの家具を置いて、おしゃれな雑貨を飾って……と、狭いながらも愛しいわが家。空間を隅から隅まで無駄なく使いこなすべく、寸法をきっちり測って、ものをぴったりおさめることに喜びを感じていたのだそう。

しかし、2016年4月に起きた熊本地震により、その日常は一変した。最大震度は6強。前震、本震と二度の大きな揺れにより、棚や引き出しから飛び出したもので床は散乱。電子レンジやガスコンロも台から落ち、足の踏み場もない状態を人生で初めて味わった。

「それからですね、持ち物を減らし始めたのは。また地震が起きたとき、ものは少ないほうがリスクが少ないだろうと思って」

壊れたものを処分し、家の中の物量が減ると、自然と家全体の持ち物を見直したくなった。

——果たしてこれらは本当に必要なものだろうか。

「好きで買ったものだけど、おしゃれな家にするには、おしゃれな人が持っているおしゃれな何かを買わなければいけないといったように、ただ所有することにとらわれていたところがあるんじゃ

ともに以前の様子。床はフローリングで、ベッドやサイドテーブルにソファなど家具でぎっしり。「ものもいっぱいあり、棚やキャリーワゴンなどを駆使して収納スペースを増やすことにがんばっていました」。左ページは現在の様子。ものが少なくなり、部屋は広々。掃除もラクに。

ないかと思って」

ひとつひとつのものを前に、ふとわいた疑問を投げかける日々の中で、まず変わったのは考え方。過去ではなく、未来でもなく、〝今の自分〟に目を向けるマインドが身につき、結果、部屋がすっきりしていったという。

「結局のところ、私自身が〝今〟を快適に暮らすのに必要なものだけが、私の必需品だったというわけなんです」

とはいえ「ものを大事にしなさい」と教えられて育ったこともあり、まだきれいなものや使えるものを処分するのには抵抗があったそう。

「最初はもったいないという気持ちのほうが大きくて。だけど次第に、必要なときにものをパッととり出せないとか、使わないのに場所はとるとか、そういうストレスを手放したいと思うようになりました。がんばって買った高価なものも、いつか使うかもと置いてあるものも、今、使わないのであれば、それは重荷でしかないんだなって。ましてやわが家は、ワンルームの小さな家。家具は少ないほうが空間を広く使えるし、色数も少ないほうが目が疲れず、気持ちも落ち着きます」

そうやって取捨選択していく中で浮き上がってきたのが〝自分らしさ〟。加える個性もあるけれど、削ぎ落として見つかる個性もある。

「持ち物が少なくなるほどに、自分はどういうものが好きなのか、どういうふうに暮らしたいのかが明確になりました。住まいの見直しは、自分探しに通じるものがあるのかもしれません」

長年、食料品の販売に携わっていたapartment301さんが、インテリアショップに転職することになったのも、自身の個性が浮き彫りになった結果だろう。

「わたしは買い物も好きだし、物欲だって強いほう。ただ、自分にとって不用なものを手放すことは、大事にしたいものを、より大切にするために必要な行為だと実感しました。だって背負い込みすぎたら、ひとつひとつを大切にできないし、結果、自分自身も大切にできません。ものを大事にするのは、とてもすばらしいことですが、まず大事にしなくてはいけないのは、自分自身。自分に代わるものはありませんから」

Profile

アパートメント サンマルイチ／熊本県在住。ごく普通の賃貸物件の301号室に暮らす。家賃は水道代込みで3万3000円。断捨離後の愛用品や片づけのハウツーを綴ったインスタグラムが大人気。@apartment_m301

住まいの見直し

すき間を埋めない

「人間の脳は、すき間を埋めたがる習性があるそう。私も例にもれず、わが家の玄関とガス台の間にある25㎝ほどのすき間をなんとか有効活用しようとゴミ箱や棚を置いていましたが、撤去してみたらすっきり！　狭い部屋だと、なんとかして収納スペースを増やしたいと考えがちですが、収納家具は増やさないほうが無駄なものが増えず、結果、暮らしやすい家に」

1

1

小さい部屋なので動線は気にしない

「生活用品は、使用頻度を考えて収納場所を考えるのが基本。ですが、わずか数歩で部屋の端から端まで行けるワンルームでは、動線を気にするより、貴重な収納スペースを有効活用するほうが快適に暮らせます。ただしリビングスペースからもよく見える吊り棚は別。ここを生活用品で埋めてしまうと雑多な感じがするので、ものを置きすぎないように」

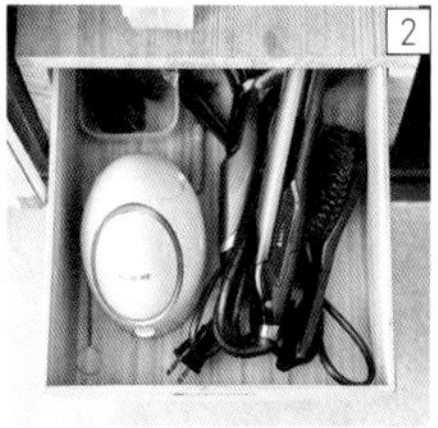

自作の木枠で整理整頓

1. ガス台下は「無印良品」のファイルボックスを活用したゴミ箱と食器を収納。2.シンク下は調理器具とヘアアイロンやスチーマーなどの美容グッズを収納。地震を経験して、生活用品は低い位置に置くように。

押入れは収納のためだけにあらず

「わが家にはクローゼット風にリフォームされた押入れがあります。ここに衣装ケースをぎっしり詰め込んでいましたが、不用なものや服を処分したら、ケース自体がいらなくなりました。そこで、ぽっかりあいた押入れの仕切り板と床にカーペットを敷いて〝ザ・押入れ〟感を消し、隠し部屋のような空間に。下段は布団として使っている寝袋や除湿機、生活用品、上段は服とバッグを収納しつつも、ショップのように選ぶ楽しみを感じられるディスプレイになるよう心がけています。暗さ対策には、コンセントのない押入れでもスマートに使える充電式のライト〈ルイスポールセン〉のパンテラ ポータブルを。鏡を置けばドレッサーとしても使えます」

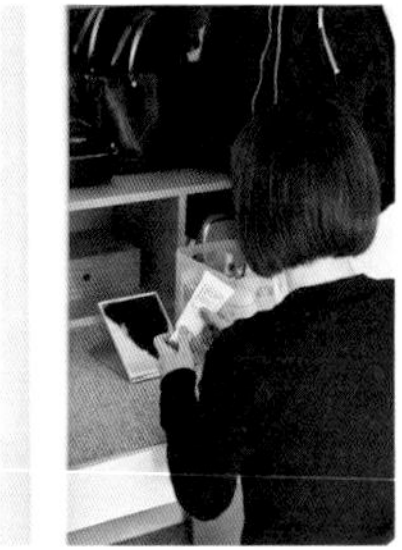

窓＝遮光でなくてもいい

「窓には遮光カーテンが必須だと思い込んでいたのですが、日中でもカーテンを開けないと暗いままというのがなにげにストレスでした。かといってレースのカーテンは甘すぎるし、ブラインドだとかたすぎる。そんな悩みを解消してくれたのが、このハニカムシェードです。障子のような不織布から透ける外の光が美しく、断熱性も抜群。コードがないすっきりとした見た目も気に入っています」

専用の家具でなくても快適に暮らせる

「もともと、布団に触れるのはお風呂上がりと決めていたので、普通のベッドだと部屋に占めるサイズのわりに日中は使えなくてもったいないと感じていました。そこで、小上がりとしても使える畳ベッドに買いかえることに。ワンルームには圧迫感のあったテーブルも手放し、出窓やスツール、押入れの仕切り板を机として使ってみたところ、生活に支障はなし。それどころか空間が広々としたおかげで、ラジオ体操をする習慣が身につきました」

スツールは「アルテック」のスツール60。ベッドはYouTubeで活動している「建築家二人暮らし」のプロデュース品。LIVING BEDという名のとおり、小上がりとしてくつろぐ場所として使える。「セミダブルで大きめサイズですが、低めのつくりなので圧迫感はありません」

1

ライトに求めるものは明るさだけではない

「夜間、家で作業をするなら蛍光灯が必要ですが、私の場合、家はくつろぐ場所なので、明るさよりあたたかさを重視することにしました。ベッドの上には〈イサム・ノグチ〉のAKARIを。これにPhilips Hueをとりつけ、点灯・消灯や明るさをスマホで操作できるようにしています。この装置のすばらしいところは、タイマーセットもできること。帰宅時間に合わせて点灯させると、道路からお月さまのように浮かぶライトが見えて、そのやわらかな明かりにホッとします」

4

3

2

ワンルームのゾーンを分ける4つのライト

1. Philips Hueを使えば調光も自由自在。日の出や夕日のように徐々に明るさが変わるように設定するのがこだわり。2. キッチンに設置されていた蛍光灯をダクトレールにつけかえ、「アサヒ」のボール球を2つ。「LEDのエジソンバルブも使い勝手がよさそうですが、周囲をほんのり照らす白熱球の明かりがとても好きです」3. キッチンのダクトレールを利用して、ピーター・アイビーのLIGHT CAPSULEを。なんてことのない賃貸物件が、この明かりひとつでドラマチックな空間に。「料理が面倒なときも多いけど、これをつけてからキッチンに立つ時間が好きになりました」4. 部屋のいちばん奥の壁には、シャルロット・ペリアンのCP-1を。スマートプラグをとりつけ、帰宅時に「ただいま」の声で点灯させ、「おやすみ」で消灯するように設定している。

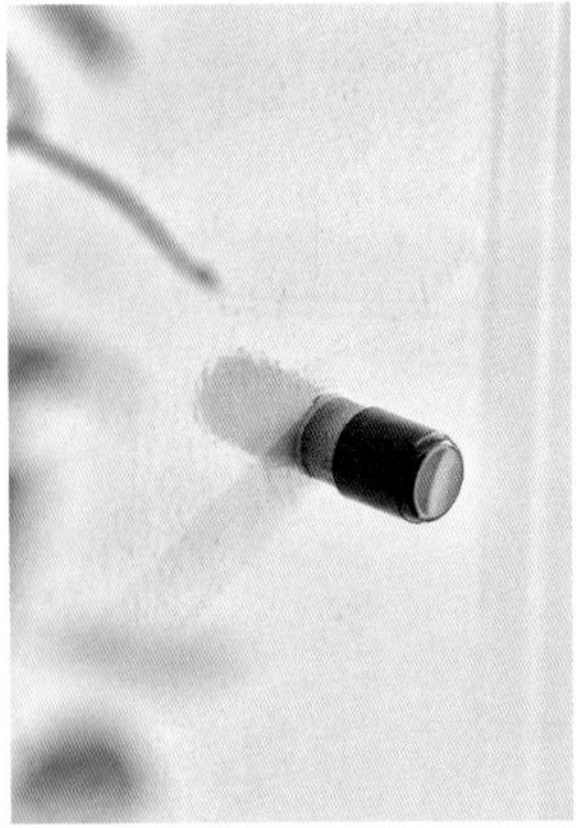

色数を減らして目を休める

「ものとともに意識的に少なくしたのが色数。以前の職場がにぎやかなところだったので、家は落ち着く空間にしようと思ったのがきっかけです。フローリングの床にはフロアタイル、玄関のたたきにはクッションフロア、上がりかまちには〈ゆかペタ〉を敷いて、空間をグレートーンに統一。さらに、キッチンの棚の茶色い部分は黒のマスキングテープで覆い、食品の保管は木のボックスからトタンボックスに変更、突起式の玄関ののぞき窓はシャチハタの蓋でカバーするなど、細部の色にも注意を払いました」

配線を隠して便利な暮らしを気分よく

「せっかく便利な時代に生まれたのだから、積極的にＩＴ家電をとり入れたいとは思いつつ、その一方で、増え続ける配線がストレスでした。特に問題だったのはWi-Fiやスマートプラグをつないでいる2カ所。一方は〈a la mode〉のケーブルボックスに収納して壁に設置。もう一方は宙に浮かせられなかったので、〈duende〉のアンブレラスタンドに入れて壁と同化させる作戦に。これなら掃除もしやすくてノーストレス」

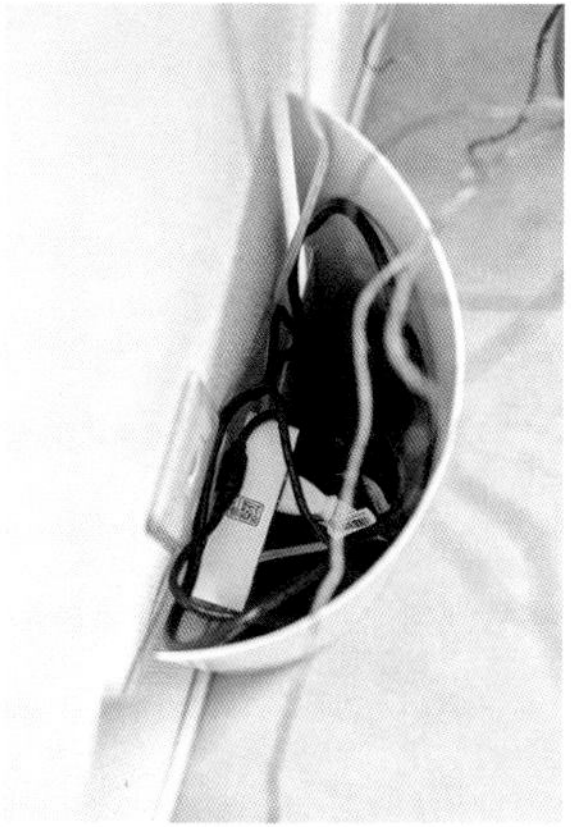

朝ごはんはいつも決まったものを。葉物野菜にかぼちゃ、にんじん、さつまいも、卵を蒸したものを添えたサラダ、スープ、りんごとブルーベリーをカカオであえたデザート、トマトジュース。これらに刺し身や肉の煮込みなどタンパク質のおかずを加えて完成。

家事の見直し

料理は朝ごはんだけがんばる

「ひとり暮らしを始めた当初は料理をがんばろうとはりきっていましたが、いろいろやってみた結果、私の場合、家で食べるものは手間がかからず、栄養がとれるものであれば十分だと気づきました。また、食事は〝寝る3時間前までに〟と決めているのですが、帰宅してから作っていると睡眠時間が削られてしまうのもストレスで。そこで夕飯はバナナやチーズなど簡単なものをつまむ程度にして、そのかわり夜のうちに朝食の仕込みを。これなら無理なく続けられて、心身ともにもラクちんです」

炒め物、揚げ物は外食でいい

「調理器具は、馬場勝文さんのスープポットと圧力鍋、〈staub〉のWa-NABEの3つ。フライパンはフッ素樹脂加工がはげたので手放しました。次に買うなら長く使える鉄のフライパンをと思っていますが、手入れも油のあと始末も大変なので、いったん保留。今は料理より好きなことに時間を使いたい。それができるのもひとり暮らしの醍醐味ですから」

1

2

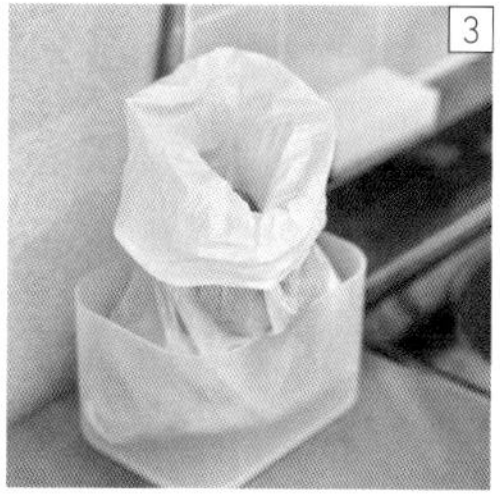
3

「快適調理」のお助け品

1. 大判の「Georg Jensen Damask」のエジプト ティータオルは折りたたんで半分を水きりがわりに、残りの半分を食器拭きに。使用後は冷蔵庫に掛けて乾燥を。 2. 声でタイマーや室温などを操作できるGoogle Nest Hub Maxを調理台の上に。後ろにコンセントがあり、配線隠しの役割も。 3. 生ゴミはにおいを遮断する袋に入れておき、袋がいっぱいになったらゴミに出す。「無印良品」のケースに入れておくと出し入れがラク。

衣類の見直し

気に入った靴を大切に履きたいから長靴は必須

「手持ちのものを見直すときは、減らすことが目的ではなく、"大事にしたいものを、より大切にするための選択"を心がけています。たとえば靴なら〈MARNI〉の厚底サンダルと〈ニューバランス〉のスニーカー、〈BOTTEGA VENETA〉のブーツの3足さえあれば通常はこと足りますが、悪天候時に酷使してしまうと傷むのが早いので、長靴も愛用品に加わりました」

地震で壊れた靴箱を大家さんに撤去してもらい、あいたスペースに「イケア」のリックスフルトを置いて、靴と掃除用品などを収納。「脚が細く、圧迫感がないのが気に入っています」。長靴は端材にフロアマットを貼ったものを台にして、棚の隣を定位置に。

私服を制服化。いちばん好きな服を毎日着たい

「服をたくさん持っていても、同じ服を着続けることが多く、それなら！と思いきって好きな服だけにしてみたら、年間で15着ほどになりました。ちなみに断捨離する際は、〝捨てるものを選ぶ〟という視点ではなく、〝今、自分が着たい服を選ぶ〟という視点にしています。だって、服を買うときに消去法では選ばないですよね。家でも同じくプラスの視点で」

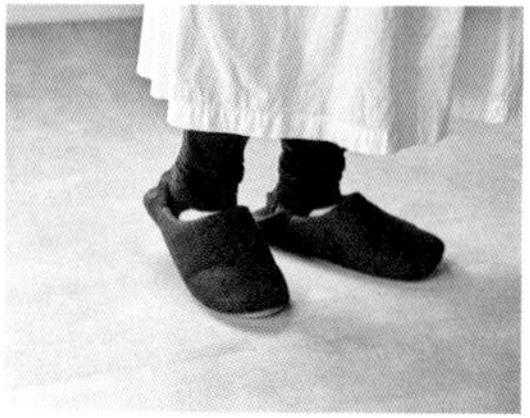

「homspun」のクルーネックプルオーバーとギャザースカートをマイ制服に。ルームシューズは汚れが目立たない「無印良品」のチャコールグレーを愛用。「ワンピースやコートなど丈の長いものは、ドローアラインにフックをつけて収納しています」

見直し後の愛用品

手に入りにくい収納グッズで持ちすぎ防止

「以前は〈無印良品〉の衣装ケースを使っていましたが、この商品だと気軽に買えてしまうので、中身がどんどん増えてしまって……。そこで気軽に買えない〈イッタラ〉のMENO ホームバッグにチェンジ！これ以上増やさない、が鉄則です」

場所をとるテレビは置かずネットでTVerを楽しむ

「狭いワンルームにテレビを置くと窮屈なので、プロジェクターとChromecast with Google TVを使ってTVerを見るようになりました。楽しみにしているのはドラマの配信。多くの番組が見逃し配信をしてくれているのもいいところ」

出しっぱなしでもサマになるWi-Fiルーター

ネットワーク時代に欠かせない通信設備。「機能や安定性も大事ですが、見た目も素敵なものがいい。その点、Google Nest WiFi は、ルーターらしからぬシンプルさが魅力です」。ケーブルボックス(p.21)も白でそろえて、部屋になじませて。

ステンレスのシャープさで
生活用品をクールに見せる

「FRAMA」のステンレスシェルフは、生活感を抑えてくれる工業的なルックスが魅力。「当初はキッチンの壁にとりつけたくて探したものですが、今はトイレで使っています」。上に置いた〈無印良品〉のスチール工具箱の中には、流せるトイレブラシを常備。

ハンズフリー解錠で
買い物帰りをスムーズに

「ドアを閉めたら鍵が自動的に閉まり、ポケットやバッグにスマホが入った状態でドアに近づくと自動的に解錠してくれるQrio Lockを、ドアにとりつけました。鍵なんて自分で開ければいいと思っていましたが、今はもうこれなしでは生きていけません」

インテリアにもとけ込む
ワイヤー式の物干し pid 4M

「少ない服で暮らすようになってから、夜に洗濯して、朝にたたむ生活をかれこれ5年続けています。乾燥機つきの洗濯機に憧れますが、置くところがないので、せめてもの工夫として物干しをワイヤー式に。出したりしまったりする手間が省けました」

収納物が少なくなった押入れは
ドレッサーとしても使える魔法の小箱。
中にエッセンシャルオイルを置いているので
扉を開けるたびに、ほんのりいい香り。

こんな楽しみ方を知ることができたのも
住まいを見直したおかげで生まれた
空間と気持ちの余白のおかげ。

自分にとって大事なものを大切にするために
ものを手放すことは、悪いことじゃない。
だけど、ものを捨てるときに感じた痛みは
忘れずに心に留めておきたい。
ものを粗末にしないために。
自分を粗末にしないために。

THE KINFOLK HOME
NATHAN WILLIAMS
THE KINFOLK HOME
INTERIORS for SLOW LIVING
真似したくなる部屋づくりアイデア 100 ROOMS
宝島社

キャッシュレス化が進む中、買い物の方法や
お金の管理はどのように変わりましたか。

ショッピング

apartment301さん

財布は待たず
スマホとApple Watchだけ

以前はカード専用ケースが必要なくらいにカードを持ってましたが、ばっさり処分。銀行やクレジットカードなどを「楽天」に統一して、買い物は極力、楽天市場でするように。普段はスマホウォレットに入れた免許証とメインのカードだけで過ごしています。

神宮美保さん

コンパクトにまとめて
身軽にお出かけ

昔から財布はコンパクト派。10年使っている「ジバンシィ」の財布の中は、少しの現金とクレジットカード、免許証と保険証のみ。常に持ち歩いてはいますが、お財布自体はほぼ使わず、スマホに登録したクレジットカードや交通系ICカードで支払っています。

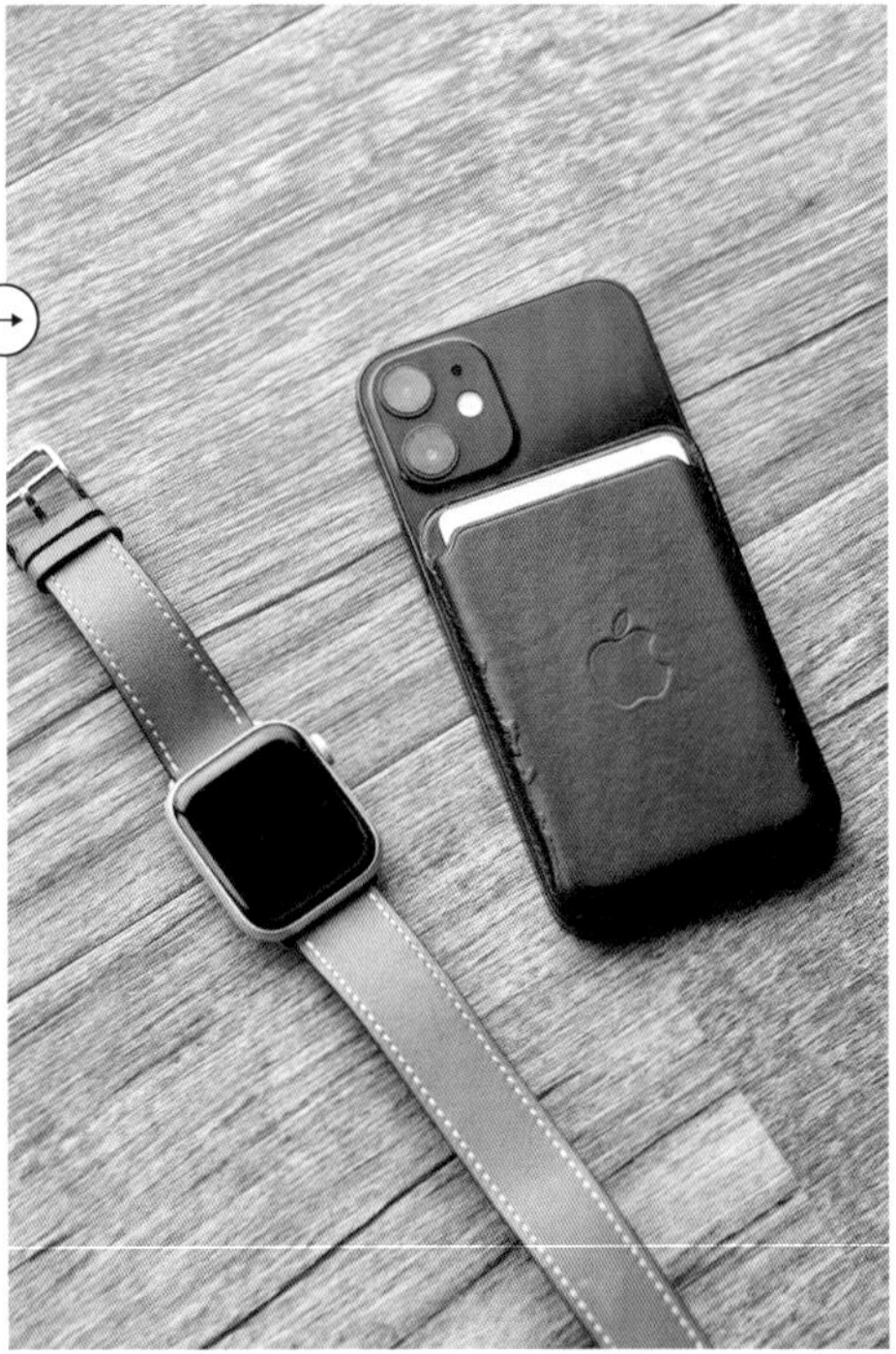

堺あゆみさん

ミニ財布以上
長財布未満のサイズ感

ミニマルな暮らしに切りかえたときに長財布からミニ財布に買いかえましたが、お札を三つ折りするのに慣れず、気分よく使えないもやもやが。そこで二つ折りにかえてみたら快適に。現金、カード、電子マネーのバランスともしっくりきています。

金子朋子さん・哲也さん

レシートをとっておいて
月に1回、夫婦でワリカン

共働きなので、食費や日用品といった共有の出費はワリカンに。お互いにレシートを保管しておき、月に一度精算しています。もともと、わたし用と家計用とで財布を2個持ちしていましたが、かさばるのでこの方法に落ち着きました。

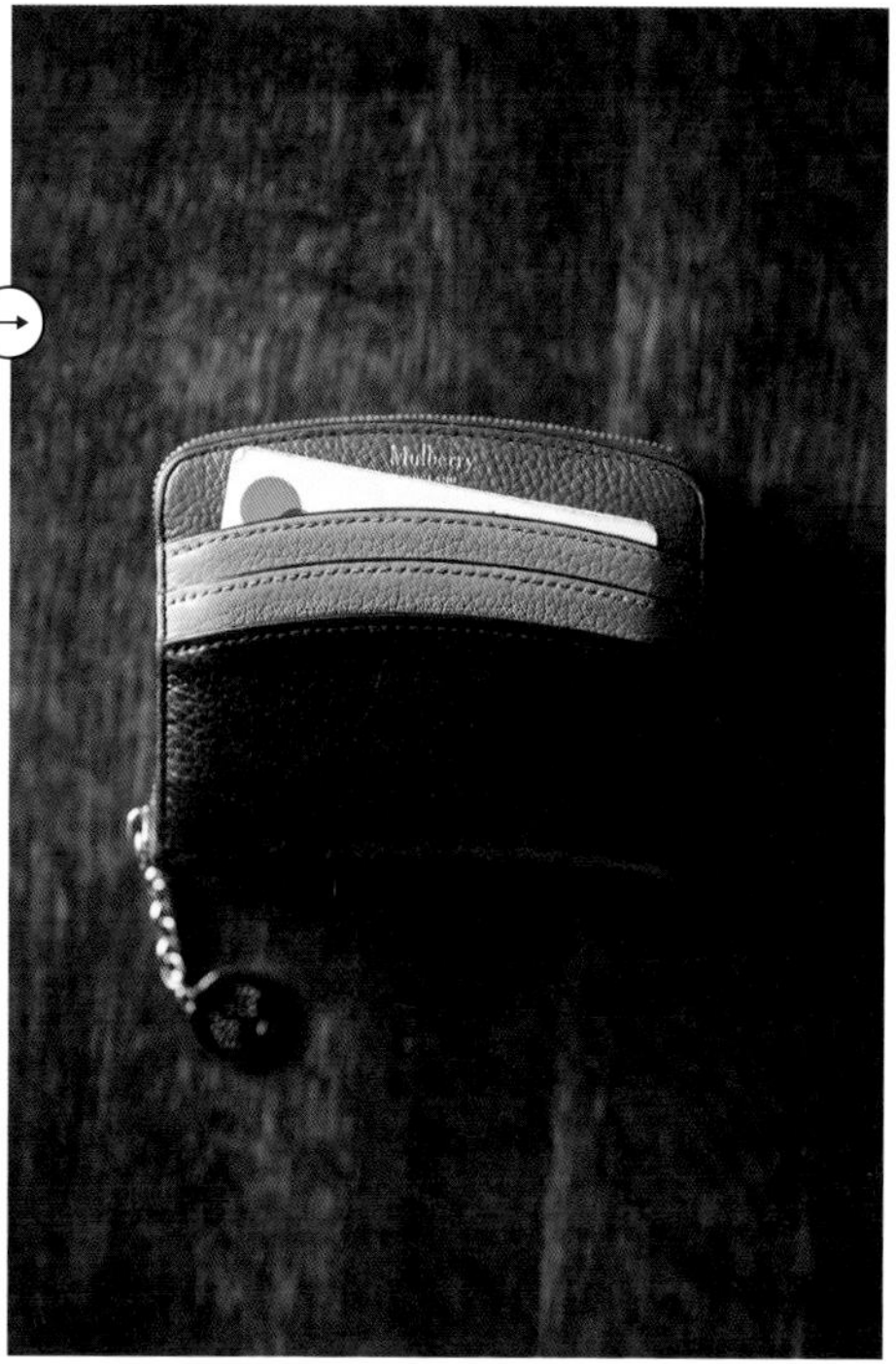

Example

—

CASE 2

—

神宮美保さんの「あたりまえ」の見直し

Type：分譲マンション	
間取り：2LDK＋アトリエ＋パントリー	
Resident：4人	

暮らしは必ずしも「素敵」でなくてもいい

自分と家族が笑顔でいられることを日々のモットーに。

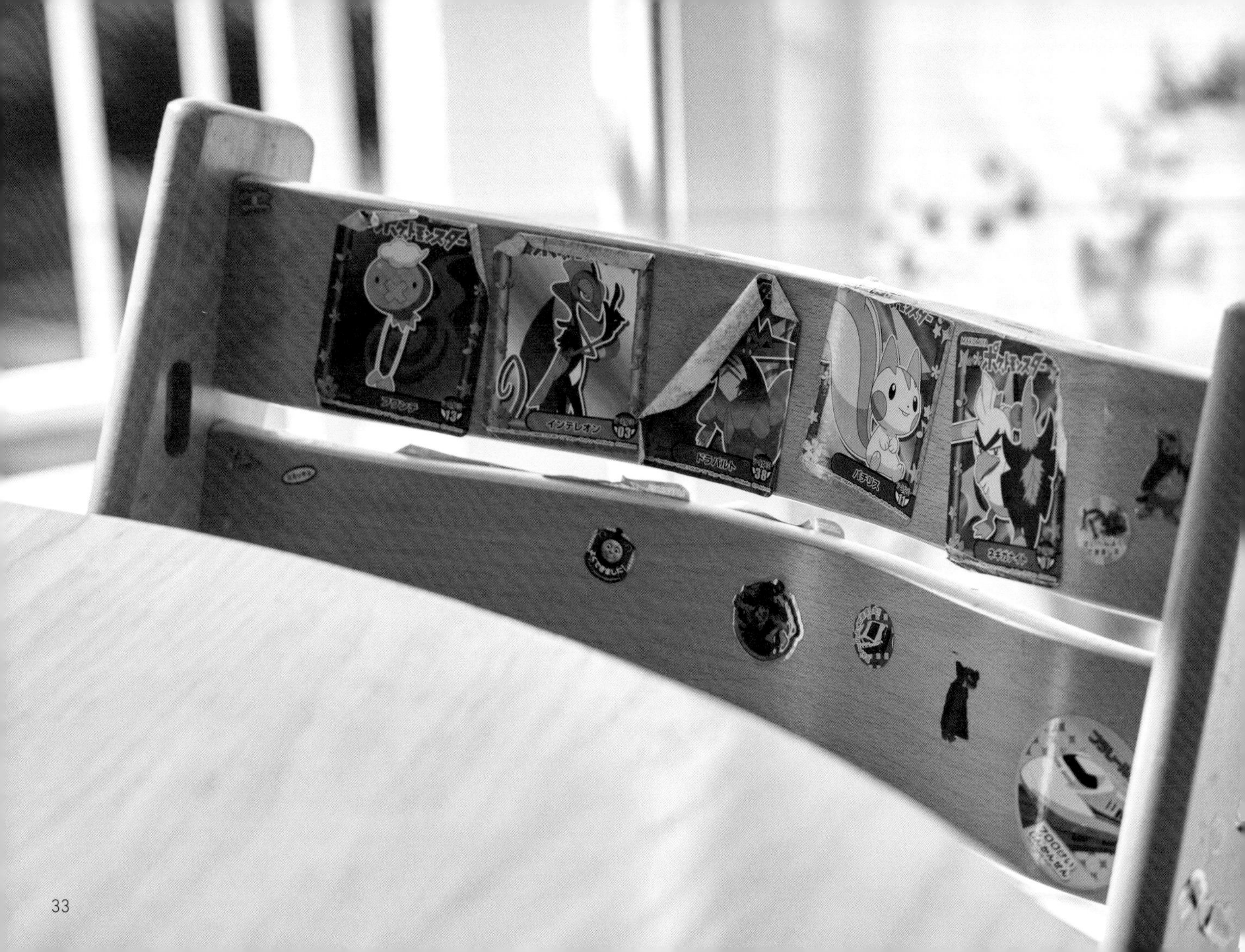
フワンテ
13
インテレオン
03
ドラパルト
38
パチリス
11

明るい日ざしが、ひと間続きのLDKをくまなく照らす。その日だまりの中に、シールだらけの子ども用チェアが。神宮さん夫妻の長男Eくんのものである。

「ここは自分の好きにしていいよと伝えたら、このとおり。子どもって、なんでこんなにシールが好きなんでしょうね」と美保さんは笑う。

都内で暮らしていた神宮さん一家がこの家に引っ越してきたのは、今から3年前のこと。

「長女の幼稚園入園を前に、今後どのような環境で子育てしたいのかを夫婦で話し合いました」

その結果、ふたりが求めたのは、住まいの近くに自然があり、地域のコミュニティとゆるやかにつながれる場所。公園の緑、さまざまな世代の人たちが集う商店など、子どもの記憶に残してあげたい景色がこの街にはあった。

経済面から考えても、郊外の中古の集合住宅が理想的。そう考えたふたりは、古いマンションの一室を新しい住まいの場とした。

リノベーションに際しても〝つながり〟を第一に。なんといっても家族は〝いちばん小さなコミュニティ〟なのだから。

「わたしが希望したのは、子どもを眺めながら料理ができるキッチン。夫が希望したのは、読書や勉強、遊びや創作など、家族それぞれが好きなことに没頭できるアトリエ」

この2つの空間の間にLDをつくり、にぎやかで楽しい神宮家の形ができ上がった。

「いつか住まいの形を変える日がくるかもしれませんが、今は子どもファーストで。ただ、うちは集合住宅なので騒音には気をつけています。ドタバタが過ぎると『下の階の人が寝ているかもしれないから忍者走りにしようね』とか。単に叱るのではなく、そういう話をすることで、なにごとも〝自分ごと〟として考えられるようになってくれるといいなと思うのですが」

とはいえ、日々の忙しさの中で、その心がけが抜け落ちてしまうことも。

「今まで人に対してそんなに怒ったことがなかったのに、ポロッと強めの口調が出てしまったときには、自分の一面に驚き、怖くなりました。でも、そのときに思ったんです。わたし自身がいっぱいいっぱいになってしまっていたんだなって」

結婚と同時に仕事を辞めた美保さん。いつの間にか、仕事をしていない分、子育ても家事も完璧にこなさないと、と気負うようになっていたそう。

「19時までに就寝とか、朝はしっかり食べさせないといけないとか。いつの間にか、自分が決めた〝こうじゃなきゃ〟にしばられていました。そんなこと家族の誰にも求められていないのに、カッコつけたかったんでしょうね。でも、そういうことをしていてもちっとも楽しくない。子どもにとっても完璧な母より、笑っている母のほうが絶対にいい。そのことに気づいてからは、なるべくイラ

「スコープ」のキッチンツールキャニスターに、いつの間にかポケモンのシールが。長女のTちゃんはこの春、小学生。ランドセルは自ら選んだ「かるすぽ」のネイビー。シールを貼ってカスタマイズするのだそう。ソファに置かれたうさぎとライオンの服もTちゃん作。ポリ袋の服に絵を描いて、おめかしを。

イラしないように、自分が機嫌よくいられるすべを考えるようになりました。たとえば日用品を好きなものでそろえたり、朝早く起きて自分時間を楽しんだり」

忙しくて片づけられなくても、自分の好きなものばかりなら目ざわりにはならない。夜、部屋が散らかったままでも、子どもたちの寝かしつけに合わせて一緒に寝ることにしたら、子どもたちに早く寝てほしいなどとも思わず、翌朝、気持ちよく部屋をリセットできる。暮らしは常に「素敵」でなくてもいい。

さて今日も洗い物から、とシンクに向かった美保さんの笑い声が部屋に響く。視線の先にはカトラリー立て。ここにもばっちりシールが貼られていた。

Profile

しんぐうみほ／神奈川県在住。飲食店での調理スタッフを経て、子育てに専念するため家庭に。住まいは築約40年のマンション。2019年にリノベーションし、夫と2人の子どもと暮らす。
@tmte_ie

思考の見直し

「絵本のディスプレイは夫が好んでしています。おすすめの本をメインに飾っているようですが、これを読んでとは言いません。子どもの自主性に任せ、自然に興味を持ってくれればと考えているようです」

「こうじゃなきゃ」を押しつけない、求めない

「規則正しい生活や片づいた部屋など、生活には〝清く正しく〟も必要ですが、居心地のよさは家族の笑顔があってこそ。そう実感してから、子どもや夫、そして自分自身に対しても〝こうじゃなきゃ〟という思いを手放せるようになりました。とはいっても、だらしなさすぎたり、散らかった部屋では気持ちよく過ごせないので、無理なく暮らしをととのえる方法を探っています。たとえば子ども自身で片づけをしてほしいときは、こちらのタイミングを押しつけずに様子をうかがったり、命令口調にならないように気をつけたり。いずれは片づけを習慣づけてほしいとは思いますが、状況を見守りつつ、焦らず、気長に」

LDとの間仕切りの腰壁には工作好きのTちゃんの作品が。自分で自由に飾れるコーナーにしているのだそう。「工作に集中しているときは片づけは翌日に回します。わたしだったらそうしてほしいので」

「余裕がないと、つい脅しのような言葉を使ってしまいそうになりますが、グッと抑えて、端的に前向きに伝えるようにしています。禁止や否定の言葉で頭ごなしに押しつけるのではなく、「マットの上でならジャンプOKだよ」と代替え案を出したり、「下の階のかたがびっくりしちゃうよ」といった理由も説明したり。何かをしてほしいときに必要なのは、こうじゃなきゃという命令ではなく、根気ですね」

住まいの見直し

選んだソファはフランネルソファ。今はまだカバーを掛けて使用することに。

「子どもが大きくなるまでソファはがまんしようと思い、ヨギボーを置いてみたところ、ソファのようにスペースを分けることはできなくて。結局、夫が以前から憧れていたソファを買いました。まだ小さいので、飛び跳ねたり、食べ物をこぼしてしまったりという心配はありますが、カバーで防御したり、〝大事にしようね〟と口すっぱく言いながらも、気に入ったものを長く使うほうが気持ちいい。わたしが好きで選んだガラスの器も同じ。すべてを子ども仕様にしてしまうのではなく、日常の中でていねいに扱うべきものがあることを伝えていくことは、今後、子どもたち自身に大切なものができたときに役立つ経験なのではないかとも思います」

「子どもがいるから」と、欲しいものをあきらめない

ガラス類はキッチンの壁にとりつけた棚が定位置。愛用しているのは「リビー」スタッキングワイングラス、「ボデガ」ワイングラス、「ボルミオリ・ロッコ」ウォーターグラス、「イケア」ゴブレット、100均一のうすはりグラスなど。おちょこなどの酒器は、あえ物やデザートの器として日常使いしているそう。

日用品は散らかっていても気にならないものにする

「出したものはすぐ片づけるようにしていますが、子育てをしている今はそれが難しくて、常に大惨事(笑)。その光景に、また片づいていないとイライラしたり、落ち込んだりするより、子どもたちにとっては、多少散らかっていてもお母さんがニコニコご機嫌なほうがきっといい。身の回りのものを厳選することは、そんな忙しい日々の対応策。好きなものなら散らかっていても平気だから」

右_洗面台上は棚をとりつけ、掃除や洗濯用品、歯ブラシなどを収納。コスメ類は「無印良品」の引き出しに。下_洗面台下は洗濯物やおむつ、着替えなどを「無印良品」のやわらかポリエチレンケースを活用して収納。色を統一してすっきりと。

見せる収納できれいをキープ

「リノベの際、予算の都合もあり、キッチンも洗面室もオープン収納にしました。扉がない分ホコリは立ちやすいのですが、そのおかげでこまめに掃除をするクセがつきました。見せることで、ととのえる力がつくのかもしれません。たまに食器の配置を入れかえると、新鮮な気持ちになれるのもいいところ。子どもの食器や派手な色の食材はケースにしまい、包丁やはさみなどの危険物は子どもの手の届かないところに置いています」

シンク下は「川口工器」のスライドラックを使って調味料をひとまとめに。サッと掃除ができるよう、ラック下にお掃除シートを。

「おもちゃはケースやボックスなど“特定の場所におさまるだけ”と決めているので、子どもながらに整理の方法を考えて、なんとかおさめようと工夫しているようです」

おもちゃは家にたくさんなくてもいい

「自分で把握できないほどものがあふれてしまうと、探し物は増えるし、片づけも億劫になるのは、大人も子どもも同じ。最近使っていなさそうなおもちゃは一時保管場所にしまって、しばらくたっても探す様子がなければ手放します。近くの児童館にはおもちゃがたくさんあるので、目新しいものにはそこで触れられるし、コミュニティができるのも楽しいです」

衣類の見直し

喪服は持たない

「先日、手持ちの喪服を着てみたら、いつの間にかサイズもデザインも今の自分に合わなくなっていて。手放しを機に今後はレンタルすることに決めました。ただ希望の品がレンタル中ということもあるので、候補の店をいくつか調べておく必要がありそうです。ちなみに普段着も見直してみたら、手にとるのは同じ服ばかり。もう数は必要なさそうです」

秋によく着たのはこの3着。オフホワイトのニットは肌触りがよく、ネックのほどよい詰まり具合が◎。テラコッタのタートルネックニットはコンパクトなサイズ感で着回しやすく、着やせ効果も。ブルーのクルーネックニットは腕まわりが細身で形がきれい。意外と着回しもきく。よく着るのには理由があり、厳選するとその理由が見えてくる。

クローゼットは夫婦兼用。「服はもともとあまり持っていないほうだとは思いますが、衣替えの時期に見直すようにしています」

家事の見直し

子どもを寝かしつけたあとは家事をしない

「添い寝から起き上がるのはつらいし、〝なんで早く寝ないの〟とイライラしてしまうのもいやだし……。だったら一緒に寝てしまったほうがいい。その分、朝は4時に起きて、前日の片づけや自分時間にあてています。早朝の光が気持ちよく、気分もすっきり！」

考えない家事を習慣づけて億劫さとさよなら

「窓拭きや冷蔵庫の掃除など、つい見逃してしまいそうな家事を曜日ごとに割り振っていたんですが、スケジュール化してしまうと〝やらなきゃ〟という義務感にさいなまれて窮屈で。そこで〝朝の10分掃除〟と題し、そのときできることをするというやり方に変えました。ただ唯一、忘れてはならないゴミ捨てと製氷器の掃除は月曜日に。あとは、靴を洗ったあと、そのときに使ったふきんで床も拭くなどの〝ついで掃除〟で、考えずに家事をして面倒をためないようにしています」

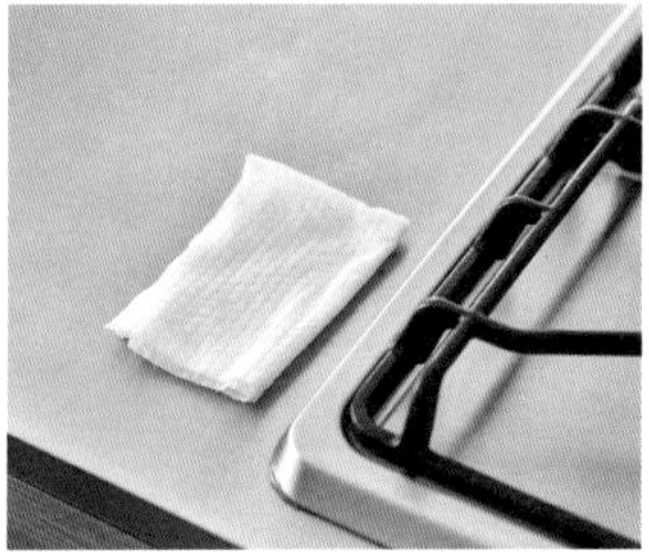

「ていねいな暮らし」にとらわれず、今の自分が無理なく気持ちよくいられるやり方で

「環境問題に関心があり、まずは自分にとって身近な家事からできることをとり入れていきたいと思っています。たとえばゴミを減らす努力をしたり、スポンジをエコな素材にしたり（p.51）。いずれはふきんの煮洗いもとり入れたいのですが、今はまだ子どもに手がかかるので、使い捨ての紙ふきんを使っています。たとえ素敵な暮らしの習慣と思われるようなことでも、自分や家族に合っているかどうかを常に考えて、ストレスなく過ごすことがいちばんです」

「スコッティ」のペーパーふきんを愛用。厚手で水にぬらして使えるのがとても便利。ストックしてあるパントリーから1枚持ってきて、一日じゅう使ったあと、オーブンの扉や換気扇を拭き上げてゴミ箱へ。

家事の「重荷」を減らす

「家事が億劫になる原因。わたしの場合、それはこまごまとした面倒なことにあるようです。特にパーツが細かくて洗いにくい加湿器の掃除が苦手でした。せっせと手入れをがんばっても、すぐ汚れてしまう。それがとても負担に感じるようになったので、寝室での夜干しや、毎朝、寝室とリビングの窓開けをするなど、違う方法で湿度を管理することにしました。これなら簡単に続けられます」

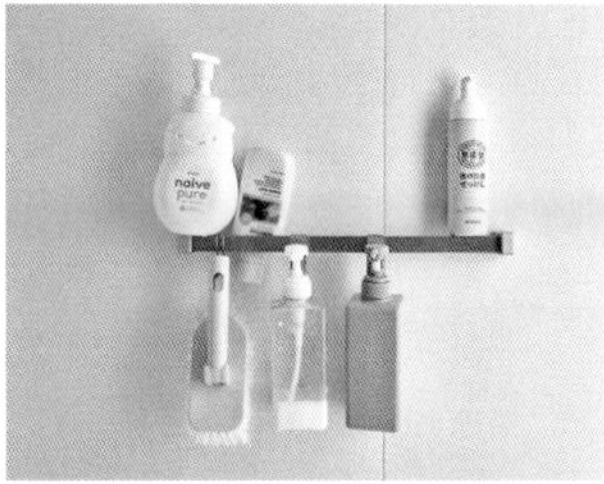

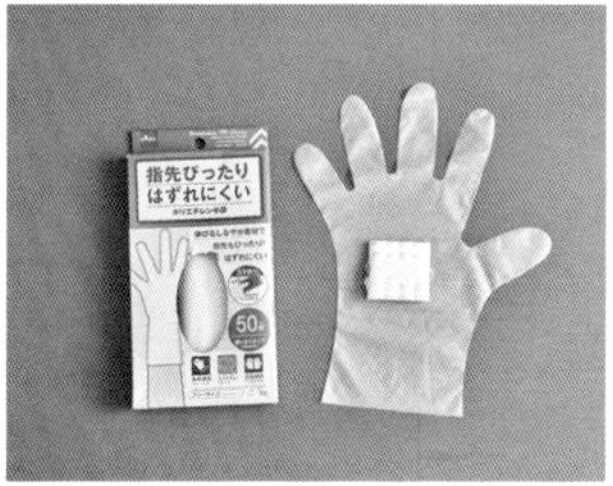

浴室は置き収納から吊り下げ収納に。トイレはブラシを置いておくのが気になったので、手袋をして流せるトイレブラシで掃除を。「冬場の洗濯物干しは夫の担当。自ら干すよと言ってくれて、ずいぶんラクになりました。私はタオル類だけ干して、子どもたちと先に寝ています。寝室に干しているので、これがちょうどいい加湿に」

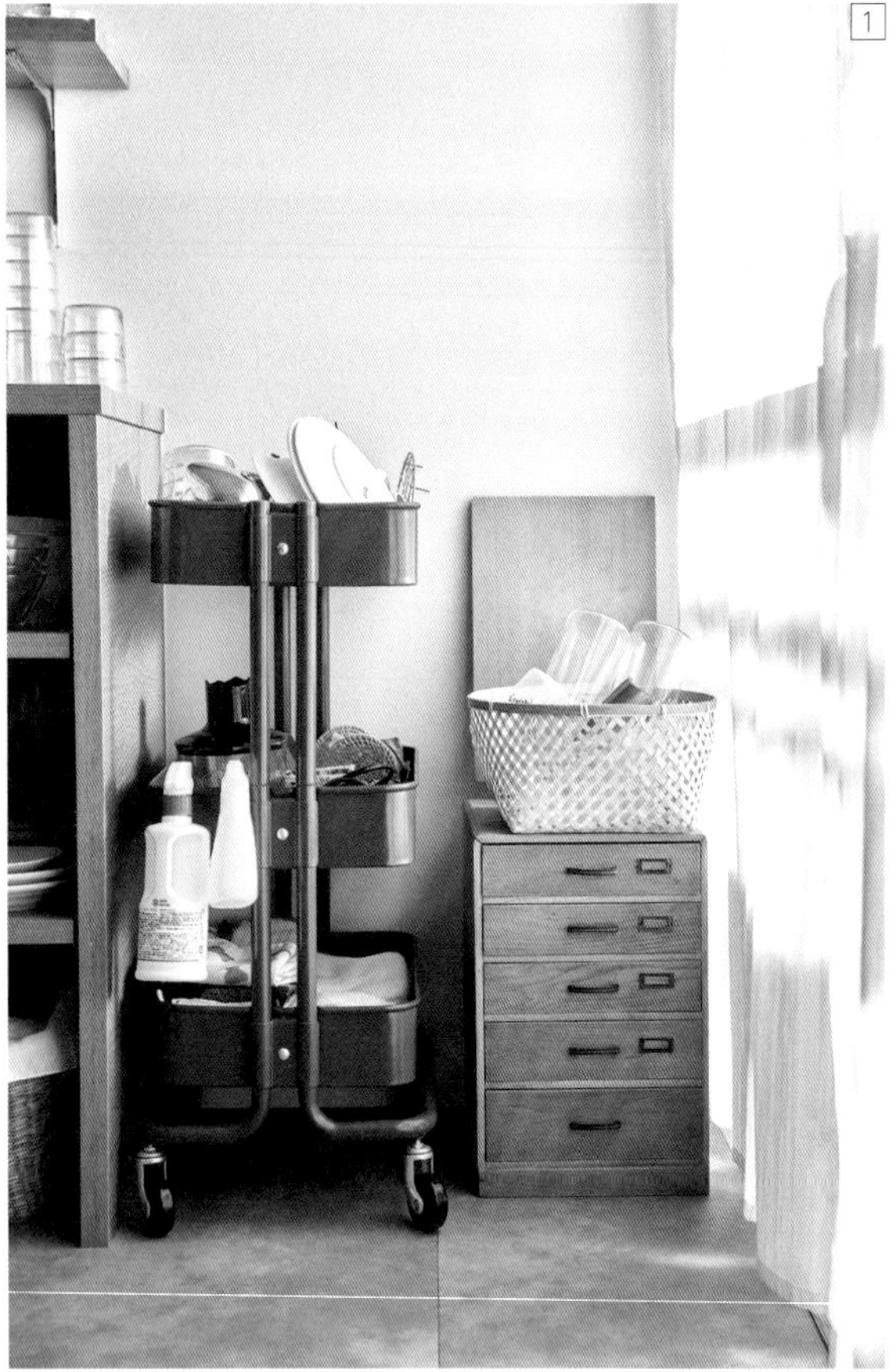

1

「苦手」は楽《ラク》して「好き」を楽しむ

「食器を洗うのは好きだけど、拭くのは苦手。拭かずに自然乾燥できれば言うことありません。ところが調理台の上で乾かしていると、作業スペースが狭くなり、どうも使いにくい。そこで試してみたのが、ワゴンを水きりに使う方法です。洗うときにシンクサイドに持ってきて、洗い終えたら壁ぎわへ。動線のじゃまにもならず、好きなことだけを楽しめるスタイルが気に入ってます」

洗い物の「楽」アイテム

1.「イケア」のロースコグ ワゴンの上段を水きりかごとして使用。底に「ジョージジェンセン」のティータオルを敷いて吸水を。 2. 洗い物が多いときはワゴンに加え、「ちどり産業」の竹かごも使用。竹は耐水性や抗菌にすぐれ、見た目も美しい。3. スポンジは天然素材の「ヴァケルハフ」のセルローススポンジ。こういう小さなところからエコな暮らしを心がけて、気持ちをラクに。

2

3

見直し後の愛用品

かごを使って
ものの一時置きスペースを

「毎日使うものをパントリーに置いていて、バッグへの出し入れはそこで行っていたんですが、ほかのものをとり出すときにじゃまなのがプチストレスでした。そこでバスケットをパントリーの前に置いて一時置きスペースを確保。ようやくしっくり」

ガラスの容器なら
においも色もつかず、中身も明確

「食べ残しや仕込んだ調味料、乾物などを入れる容器はガラス製に統一。ほかの素材だと、においや色など洗っても落ちないものがありますが、ガラスならスルッと落ちて家事の時短になります。メーカーはいろいろで、100均で購入したものも」

水はねは
タイルシートでカバー

「リノベの初期費用を抑えるため、自分たちでできることは住みながらと考えていました。暮らしてみて、洗面台付近は水はねが気になるようになり、〈toolbox〉のタイルを貼りました。サイズがぴったりで、素人でもきれいに仕上げられました」

空間を閉ざすことなく ラグでコーナー分けを

「光や風を遮らずにひと間続きのLDをくつろぎコーナーと食事コーナーに分けたくて、〈cucan〉のエコ素材の洗えるラグを敷きました。裏面に滑り止め加工が施されているので、子どもが遊んでもへっちゃら。空間になじむ自然な色みも好みです」

用途の広さが頼もしい シンプルなボックス家具

「踏み台や本棚としても使える〈イエノLabo.〉の図工室のイス。わが家では主に椅子や子ども用のデスクとして大活躍。コンパクトなサイズで子どもでも持ち運べるので、場所を選ばないのもいいところ。気づくと子どもが手にしています」

炊飯釜で毎日のごはんを ふっくらおいしく

「炊飯器は便利そうと思う半面、ガスで炊きたいという気持ちを優先して〈半睡窯〉の飯炊釜を使っています。蓋をした状態で強火にかけ、でんぷん水が噴いたら火を止めて20分蒸らすだけ。手軽に驚くほどおいしいごはんが炊き上がります」

さっきまで仲良く遊んでいたのに
途端に小ぜり合いが始まる子どもの世界。
おもちゃを貸してくれない、
遊びをじゃまされたなど
原因はたいてい自分の思いどおりにならないこと。
「そんな言い方では相手も聞いてくれないよ」と
仲裁に入りながら、ふと、われを振り返る。
自分にもそんなところがないだろうか。

今、優先すべきは子どものこと。
それは、「今のわたし」が必要とする学びや楽しみが
「子育てとともにある」ということでもある。

少しずつ始めたエコな暮らしも
家族みんなで一緒に考え、身につけていきたい。
その「あたりまえ」が
子どもたちのこれからを
豊かにしてくれるだろうと思うから。

apartment301さん

スマートな除湿機は
室内干しの強い味方

毎晩、部屋干しをするので、エアコンで空気が乾燥する冬以外はほぼ毎日、除湿機のお世話になっています。この「cado」の除湿機はコードまで白いのがポイント。ハンドルとキャスターがついているので、水がたくさんたまっても移動させるのがラクです」

神宮美保さん

使ってみて驚き。
手動の歯ブラシには戻れない

歯磨きは手動でいいでしょうと思っていたんですが、ふと家に眠っていた電動歯ブラシを使ってみたところ、細かく磨けることに驚いて。夫が新調した「Philips」のソニッケアー9900プレステージは、アプリと連動して磨き方も確認できるようです。

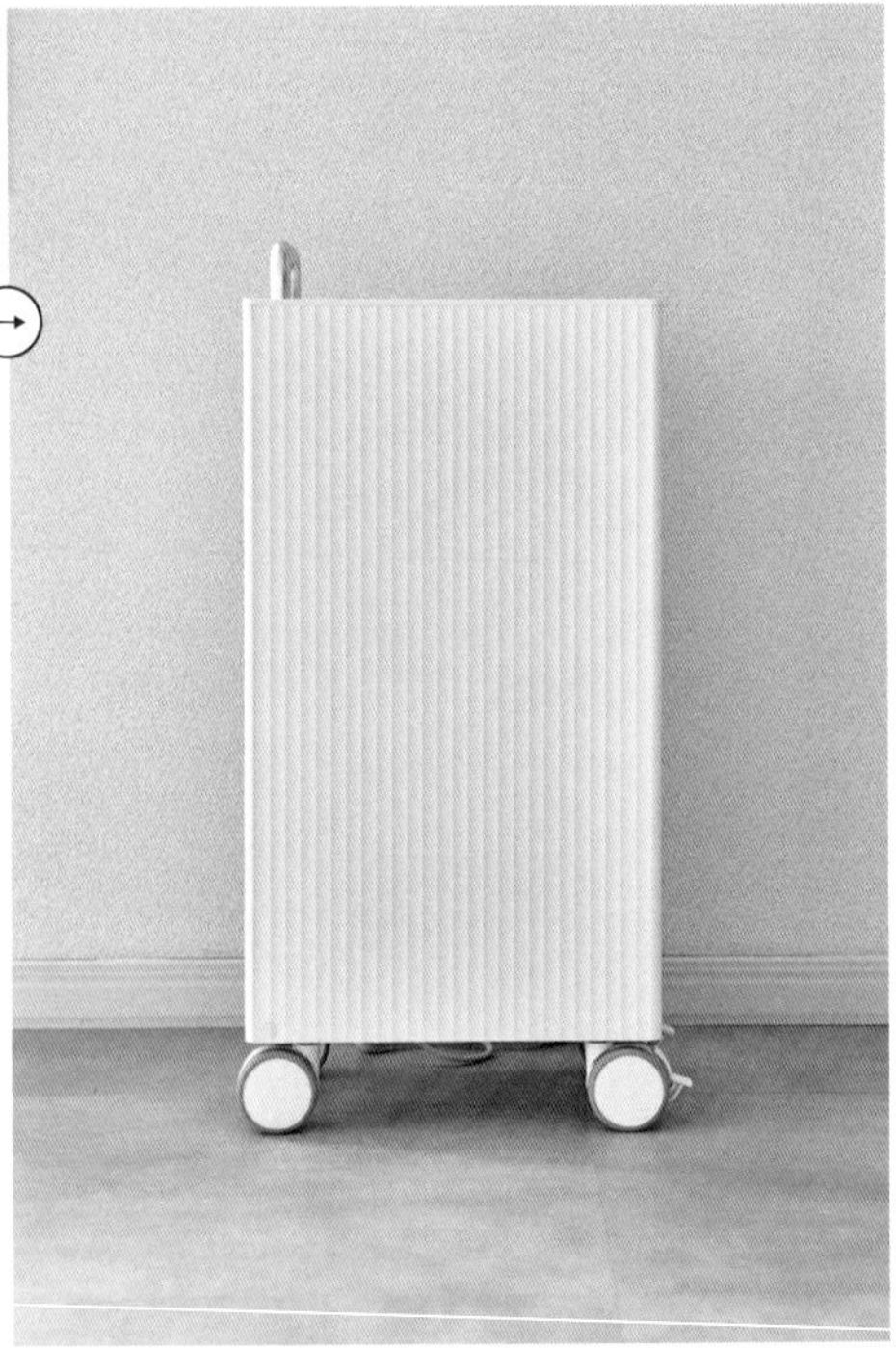

HOME APPLIANCES

←

堺あゆみさん

プロジェクターで
どこでも映画館

テレビをサイズダウンしたかわりにとり入れたのがプロジェクター。「アンカー」のNebula Capsuleは、350ml缶くらいのコンパクトさで気軽に持ち運べます。子どもたちのお泊まり会で天井に映画を映したり、旅先で写真や動画を見るのも盛り上がります。

→

金子朋子さん・哲也さん

自動ゴミ箱なら
手間も掃除もフリー

蓋つきゴミ箱は、開け閉めするのが面倒なうえ、ゴミを持った手でさわるせいか汚れもつきやすく、小さなもやもやがありました。これは、ゴミを持った手を近づけるだけでサッと開くので、わずらわしさから解放され、ゴミ箱を掃除する手間も減りました。

Example

—

CASE 3

—

堺あゆみさんの
「あたりまえ」の見直し

Type：賃貸マンション

間取り：2LDK

Resident：3人

「ねばならない」は手放していい

今の自分の感覚を大切に「ワクワクする」ほうへ。

「ダイニングテーブルを斜めに置いてみたら、部屋の雰囲気がぐっと変わったんです」

暮らしの小さな変化をうれしそうに話してくれた堺あゆみさん。人が行き来しやすいよう、丸いダイニングテーブルに買いかえを検討していたが、ちょっと角度を変えただけで解決し、そのうえインテリアに思わぬ表情が生まれた。

小さな行動が、大きな変化を生むことがある。堺さんの暮らしは、こんな試行錯誤や小さな見直しの積み重ねだ。

今の住まいは築52年のヴィンテージマンション。エレベーターのボタンや建具のひとつひとつまで味わい深く、時間が育んだ魅力が詰まっている。けれど、じつは3年後にとり壊しが決まっているらしい。その期間限定という条件ゆえに、格安で借りられたのだという。

「長く住めないし、設備も古い。でも視点を変えれば、大切にされてきた歴史があるし、賃貸なのに気兼ねなく壁に棚をつけられるような自由さもあります。オーナーさんが残していった家具も、欲しいものはご自由にということでソファや収納棚などを選ばせてもらいました。大切なものを受け継げることもうれしかったですし、ちょっとパリのアパルトマンみたいでワクワクしました」

これまでの引っ越し経験は17回。回数を重ねてきたからこそ、今の暮らしがある。

「広く立派なマンションに住んでいた時期もあり

ました。旅先で買った雑貨を部屋中に飾り、本も器も洋服もたくさん。でもあるとき、プライベートで大きな悩みにぶち当たり、一度全部手放してみようと思い立ったんです。ただ、ものを手放すって大変なんですね。思い出や買ったときの価格もよぎりますし、捨てるのはできるだけ避けたい。それでもコツコツと手放すうちに、だんだん心がすっきりとしてきて、その状態が心地いいと感じるようになりました。そうしてものを減らし、コンパクトなマンションに引っ越したのです」

ミニマルな暮らしは、心のあり方を変えてくれた。視界がシンプルだと、大切なものはよりクリアになり、心の中の違和感もすぐにキャッチできる。その一方で、今度は「少ないもので、すっきりさせねば」という気持ちが窮屈に感じるようにもなっていった。

「〝好きなものに囲まれる暮らし〟〝シンプルな暮らし〟どちらも、しあわせでした。どんな状態がベストなのかは、そのときの心のありようやライフステージによっても変化するのかもしれません。〝ねばならない〟と決めず、自由に、軽やかに生きていけたらいいですね。今は〝すっきりがいちばん〟という思い込みも手放せました」

「これ、何だと思いますか」と、堺さんが陶器の置物を見せてくれた。北欧のオブジェだろうか。ずっしり重く、青と緑が混じり合う釉薬の濃淡がとても美しい。

窓から見える景色は都会のビルやマンション群。「緑はないけれど、この部屋に来てから空を眺める時間が増えました。朝焼けのマジックアワーの瞬間が見たくて早起きします」

「近所のマンションのエントランスドアについていた取っ手です。とり壊されると聞き、あまりに素敵なので、お願いしていただいてきました」

何十年もの間、たくさんの人の手を受け止め、迎え入れてきたドアの一部。自由な目を持っていれば、廃材だって唯一無二の宝となる。宝物は、見つかるのではなく自分で見つけるものなのだ。

堺さんには夢がある。それは60歳になったらパリに移住すること。窓の向こうに、小さくだけれど大好きな東京タワーが見えるこの部屋で、それまでの過ごし方をじっくりと考えていくつもりだ。夜になると赤く光る東京タワー。その姿は少しだけ、エッフェル塔にも見える。

Profile

さかいあゆみ／東京都在住。編集業や食品輸入・バイヤー業などを経て、現在はフリーランスのエディターとして雑誌や書籍の編集を中心に活動。中3、小2の娘と暮らす。@editjapan

住まいの見直し

身の回りのものは「美しさ」を大切に

「暮らしの中で目に映るものは〝美しいもの〟であってほしいと思っています。それは高価だとか、ブランド品だとかではなく、自分が心から好きだと感じるもの。香りや肌ざわり、音といった、目には見えない美しさも心を豊かにしてくれます。気に入ったBGMを流したり、肌ざわりのいいシーツや肌着を選んでみたり。いい気分で過ごせるように心をくばることは、自分自身を大切にすることにもつながる気がしています。そうはいっても家は生活の場ですから、家族のものもあれば、実用性重視のものもたくさん。だから〝ちょっと心がざわつくもの〟は、配置や選び方を工夫しています」

キャンドルは香りだけでなく、ゆらめく炎に落ち着く効果も。照明を控えめにしているので、夕暮れ以降は大切な光源にもなる。

隠したいものと、小さな工夫

1.カラフルな子どもの本はソファの死角となる本棚の下段に。ソファの裏側にもベンチを置き、「出しっぱなしOK」ゾーンを設けた。　2.見せたくないけれど、しまい込むと不便なコード類は配線用のバスケットに。

1

2

北野天満大神
bauhaus
bauhaus
HERMES
TADAO ANDO
KINFOLK
KINFOLK

「できない」とあきらめるより「どうやったらできる?」を考える

「この部屋の内見時、壁一面の本棚のイメージが浮かびました。ずっと憧れていた海外インテリアにあるような大きい本棚が、ここなら実現できると思ったんです。とはいえオーダー品は高価だし、DIYはまったくの初心者。でも、ピンタレスト(画像共有サービス)で集めたイメージをホームセンターの店員さんに見せながら相談したら、『大丈夫、できる!』とうれしい応援が。その言葉に背中を押され、家族で完成させました。〝無理〟とあきらめるのは簡単ですが、〝どうやったらできる?〟と考えてみると、意外と道は開けます。自信もついたし、憧れの景色を実現できてしあわせです」

一角にディスプレイスペースを設けてバランスよく。棚板は新しいプリント合板なので、そこに蚤の市で買った古いものや植物などを飾り、味わいのある空間になじませている。

「捨てる」より「循環」が気持ちがいい

「引っ越しを重ねるたびに、捨てる・手放すことの大変さを実感するようになりました。このダイニングテーブルは、信頼しているアンティークショップで。もしライフスタイルが変わり使わなくなっても、また引き取ってもらえると聞き、その店で選びました。椅子は近所のマンションがとり壊しになるときに、不用品を譲り受けました。座面が汚れてきたスツールには、着古したフリースジャケットを。捨てずにこうして新たな役割を与えられると気持ちがいいし、愛着も増すように思います」

「片づけなさい」をやめる

「まだ個室のない次女。帰宅後、廊下に荷物が散らかるので、玄関からすぐの収納棚に彼女専用のスペースを設けました。帰宅したら学用品はすべてここへ。管理は本人に任せ、この中におさめていればOKとしています。小さな子ども部屋として使っている、和室の押入れも同様に。注意せずにいられたら自分もラク。片づけに限らず、その方法を模索しています」

管理と手間を減らす

「ゴミ箱の数を減らせば、収集や袋の入れかえ、洗うなどの手間を減らせます。だから家の中でゴミ箱はキッチンのみに。ただし長女の部屋はキッチンから離れているので、不用になった紙袋を使い、汚れてきたらそのまま捨てています。不燃ゴミも専用箱を設けず、そのつどマンションの指定場所へ。不用なものを家にため込まないことで気分もすっきりします」

ものの置き場は固定しなくてもいい

「テレビや時計は〝固定〟が基本と思いがちですが、その発想を手放してフレキシブルに使ってみたら、想像以上に便利だと気づきました。テレビは大型にこだわらず、ほどほどの大きさでポータブルにすれば、好きな場所で楽しめます。わが家では壁掛け時計も必ずしもいるものではなかったみたい。必要なものを、それに合った場所とタイミングで。こうすると、決まった用途から2倍3倍に活用できている気がして気持ちがいいし、ちょっとお得な気分です」

ときどきはこうしてテレビをお供にキッチンで家事をこなす。面倒な作業を楽しく、機嫌よく進めるのにも一役買っている。

朝は目覚まし時計、日中はリビングに持ち運んでメイン時計に。文字盤が見やすい「無印良品」のアラームクロックを愛用している。

家事の見直し

時間は買うこともできる

「ボックスティッシュの生活感を解決したのが〈セブンプレミアム〉の黒一色デザイン。これならカバーを掛ける手間もなく気分よく使えます。ウォーターサーバーは、古いマンションの水道管が気になって導入。結果、水を積極的に飲むようになり、お湯が出るので時間や手間の短縮にも。どちらも少し贅沢品ですが、手間とコストのバランスで納得しています」

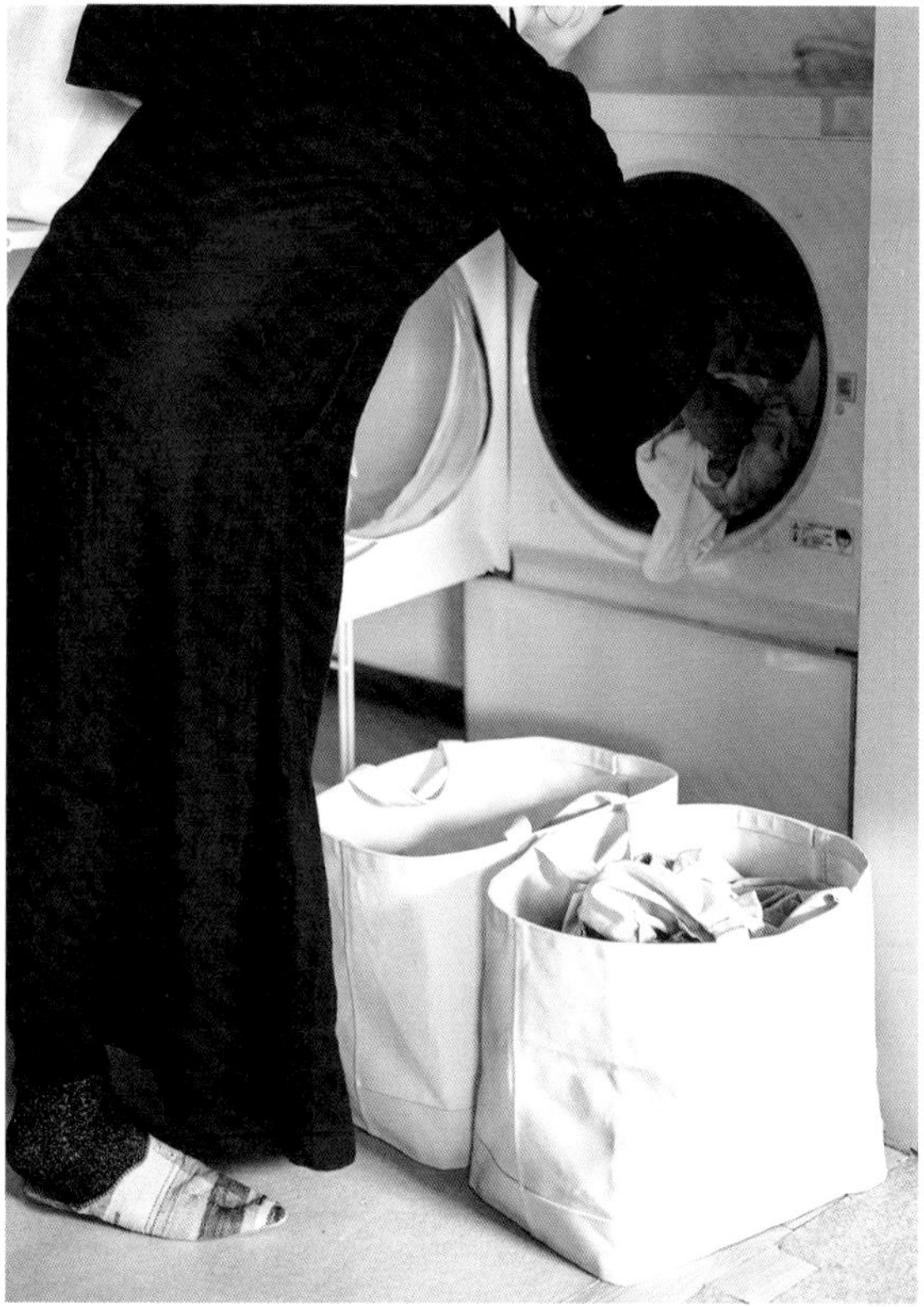

「ほどほど家事」がちょうどいい

「洗剤の投入から乾燥まで、すべて洗濯機にお任せ。夜、全員の入浴がすんだタイミングでタイマーをセット。翌朝、乾いた洗濯物を、隣に置いた家族別のバスケットにポイポイ入れて洗濯は完了。あとは各自で部屋に持っていってもらいます。しまったりたたんだりできなくても、きれいに洗えて見た目が片づいていれば、あとはほどほどでOKということに」

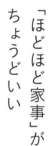

便利家電や調理ずみ食材をかしこく使う

「専用家電はできるだけ避け、炊飯器も手放しましたが、酵素玄米を作りたくて〈大同電鍋〉を購入。機能がシンプルで多用途なので、楽しく使っています。炊飯も鍋に比べて吹きこぼれがなく、そばにつきっきりでいる必要がありません。冷凍食品は、信頼できる素材や製法のものを積極的にとり入れてみたら、子どもが自分で準備できるようになり、わたしもラクに」

「大同電鍋」でいろいろ調理

1.電気の力で湯せん・加熱する仕組み。じっくり煮込めるのでミネストローネもおいしく。　2.通常の玄米に比べて栄養価が高いといわれる酵素玄米。炊き上がったら数日保温して完成。

1

2

金曜日は「母親解放DAY」

「毎週金曜は、母親解放DAY。この日は夕飯作りや家事も手抜きでOKと決め、外食したり、友人に会ったりと自由に過ごさせてもらっています。お気に入りのバスオイルやキャンドルを用意して、お風呂でとことんリラックスする日も。水面にチョロチョロとお湯を出しながら入ると、音の効果で温泉みたいな気分になると娘が発見してくれました。母親としての時間も大切ですが、〝わたし自身の人生と生活〟も同じくらい大切にしたいと思っています」

衣類の見直し

40代からは高級感より清潔感

「〝高品質のものを長く着る〟が正解だと思ってきましたが、ニットや白シャツはどうしても黄ばみやくたびれが出てきます。そこで、ほどほどの価格のものを定期的に新調し、清潔感を優先することに。

カシミヤニットは〈ユニクロ〉、白シャツは1万円前後を予算とし、そのときのトレンドや気分に合わせて選んでいます。インナーにもなる白Tシャツは、〈ヘインズ〉のジャパンフィットが定番です」

「買ったらおしまい」は卒業

「このスカートは高円寺の古着店で2000円。イタリア製らしい鮮やかな色合いにひかれたものです。古着は自分には似合わないという思い込みを手放し、試してみたら抵抗なく着られました。古着を見直したきっかけは、自分が使わなくなった靴やバッグを必要な人に使ってもらう喜びを知ったこと。〝買ったらそれでおしまい〟ではなく、循環の一部になれるとしあわせを感じるし、古着も誰かのお気に入りを引き継いでいるのだと思うとうれしくなります」

見直し後の愛用品

わが家サイズの大容量サイドボード

「ディスプレイスペースが欲しくて、検討の末に手に入れた大物家具。サイドボードは幅の広いものが多く、小ぶりでしっくりくるサイズ感をようやく見つけました。たくさんの引き出しのおかげで、こまごまとした日用品も片づくようになりました」

遠くの大自然より身近に小さな自然を

「窓から豊かな緑が見えることが家探しの条件のひとつでしたが、なかなか見つかりませんでした。かわりに、近くの公園で子どもたちが見つけてくれた葉っぱや小枝、海で拾った石や流木などを飾ってみたら、自然を身近に感じられるようになりました」

いつでも一緒に動ける小さなライト

「部屋の照明を控えめにし、必要な場所にライトを持ち運ぶスタイルに。〈ルイスポールセン〉のパンテラ ポータブルは充電式コードレス。ダイニングテーブルやソファ横、寝室など、用途や場所を選ばず自由に使っています」

家具より気楽な フックで収納

「ひとつとり入れるだけで、格段に暮らしがアップデートするフック。とりつけも簡単なうえ、用途が変わっても別の場所でまた使えます。なにより処分するときも家具に比べて気楽です。キッチン近くの壁面をエコバッグやゴミ袋の定位置にしました」

スピーカー＋ライト 兼用なら2倍使える

「ひとつでいろいろな使い方ができるアイテムが好きです。これは持ち運びができるスピーカーとライトが一緒になったソニーのグラスサウンドスピーカー。使わなくなったスマホとBluetoothでつなぎ、音楽や音声メディアを流しながら楽しんでいます」

省スペースで のんびりリラックス

「大型のソファセットを手放すときに苦労した経験から、前の家では、この折りたたみチェアをソファがわりにしていました。この家にはオーナーさんから譲り受けたソファがあるので今は寝室に。ベランダや子ども部屋など自由に動かせるので便利です」

この家は、夕暮れから夜にかけての時間が
いちばんよく似合う。
夕映えが照らすのは、柚木沙弥郎氏が描く
大好きな東京タワーのアート作品。

空が茜色から濃紺へとグラデーションのカーテンを
下ろしていくと同時に
徐々に赤く、キャンドルのように浮かび上がる
東京タワー。

手放したからこそ
見つけられた景色がある。
窓の向こうの東京タワーにエッフェル塔を重ねながら
わたしが大切にしたいものを考えている。

apartment301さん

エアコン、照明、玄関の鍵をスマホで管理・操作

「Nature Remo」を使って、遠赤外線方式のリモコンを備えた家電をスマホで操作しています。帰宅前に家の電気をつけたり、部屋の温度を適温にしておいたりできるのがとても便利。エアコンや照明を万が一、消し忘れても遠隔で操作できるので安心です。

神宮美保さん

普段の買い物はネットスーパーで

買い物の手間を減らすべく、最寄りのスーパーでの買い物は週1回くらいにして、ネットスーパーを利用するようになりました。愛用しているのは楽天西友のアプリ。欲しいものをとりあえずカートに入れておけば、買い物メモとしても使えて便利です。

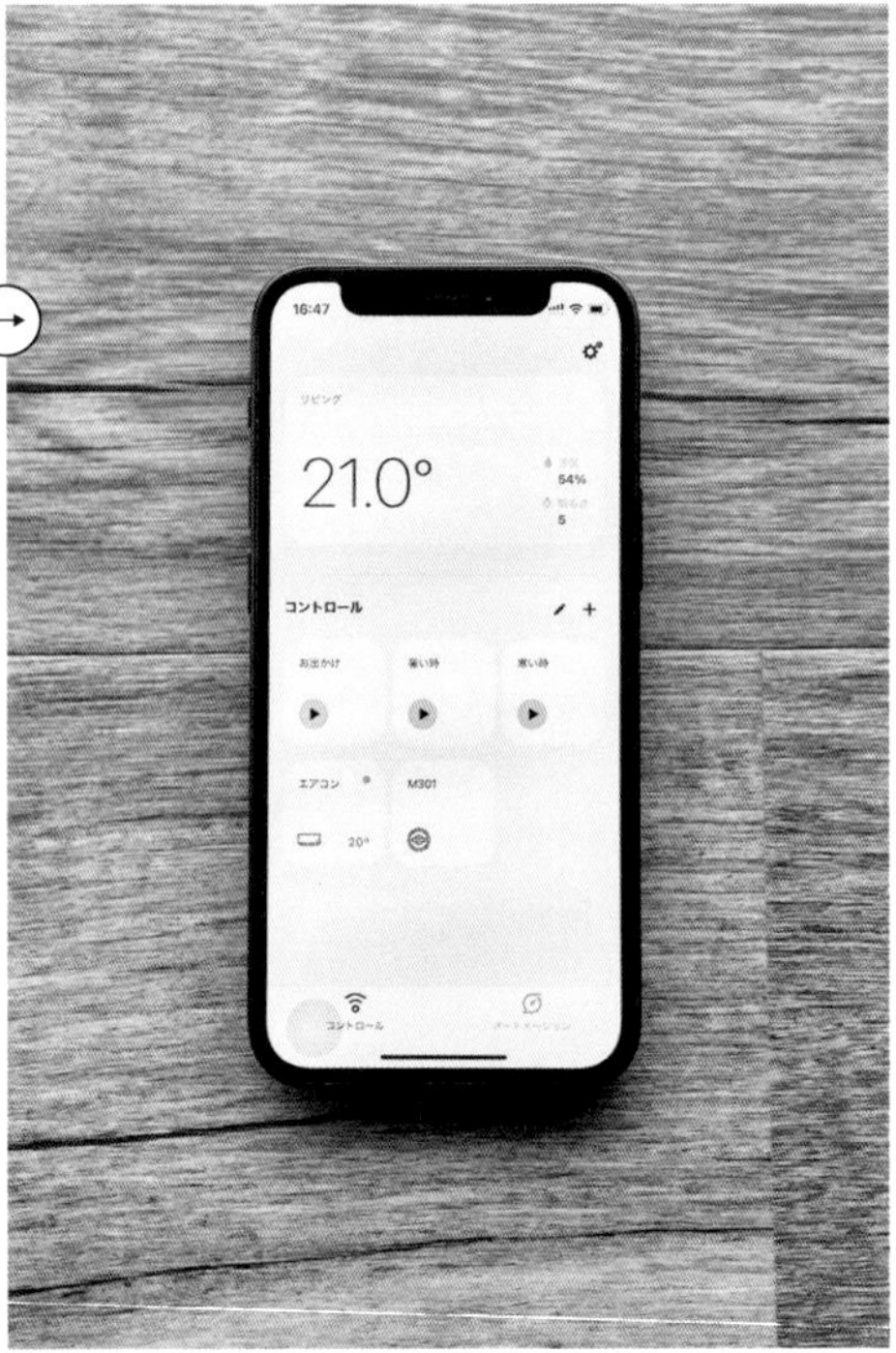

APPLICATION DEVICE

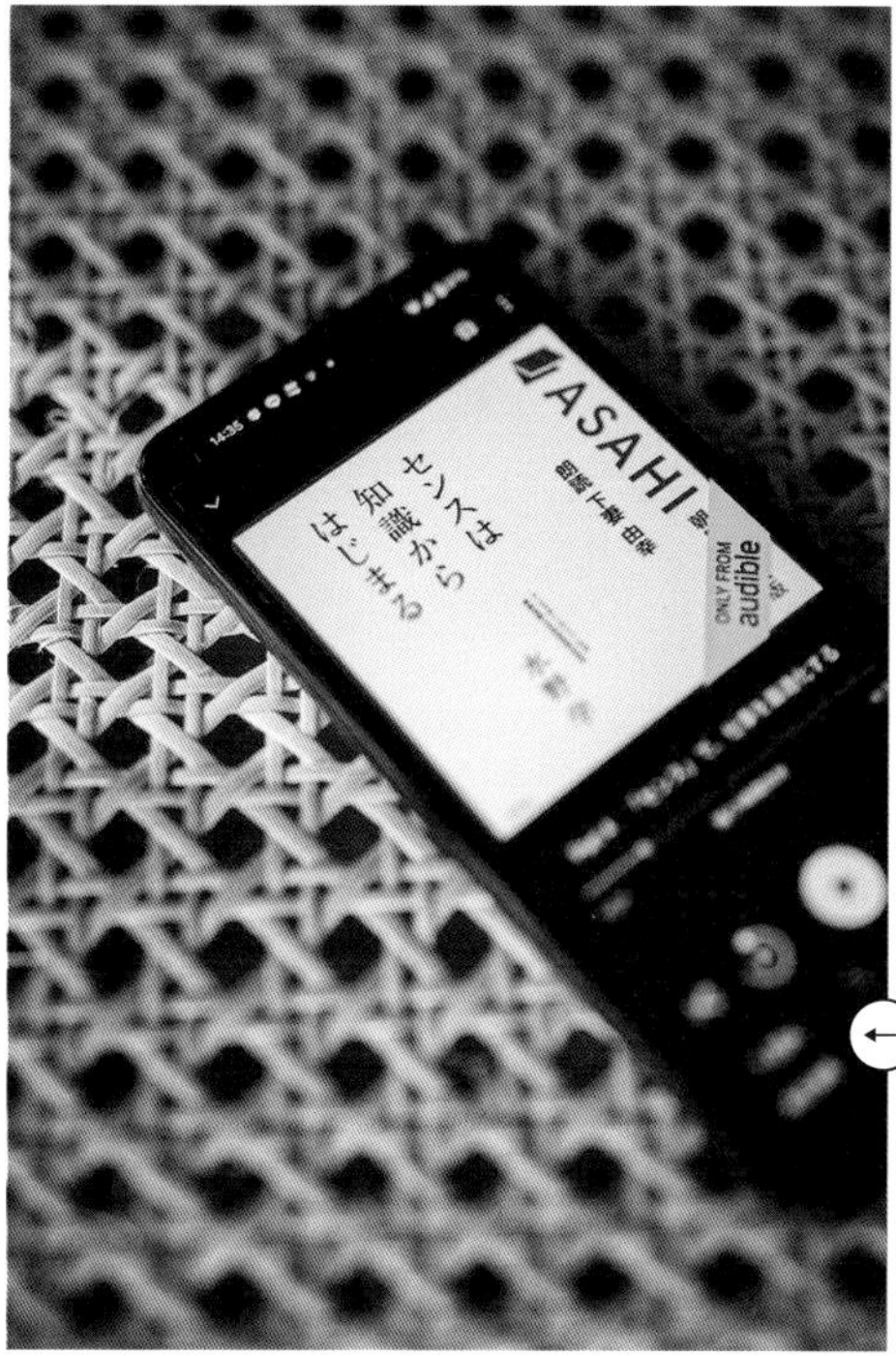

堺あゆみさん

「ジモティー」で気持ちのいい手放し

不用品を直接受け渡しできる地域密着型のサービス「ジモティー」。本棚を譲ったとき、引き取りに来たかたから摘みたてのヒマワリの花をいただきました。次につないでくださるかたの顔を見られるので、あたたかいやりとりができるのがうれしいです。

金子朋子さん・哲也さん

「耳で読書」の新しい習慣づくり

ランニングをしながらのラジオに飽きたとき試してみたのが、本を音読してくれるサービス「オーディブル」。本を音声で聴くのは初めての体験でしたが、想像以上に集中でき、頭に入りやすいようです。お風呂でもよく聴くようになりました。

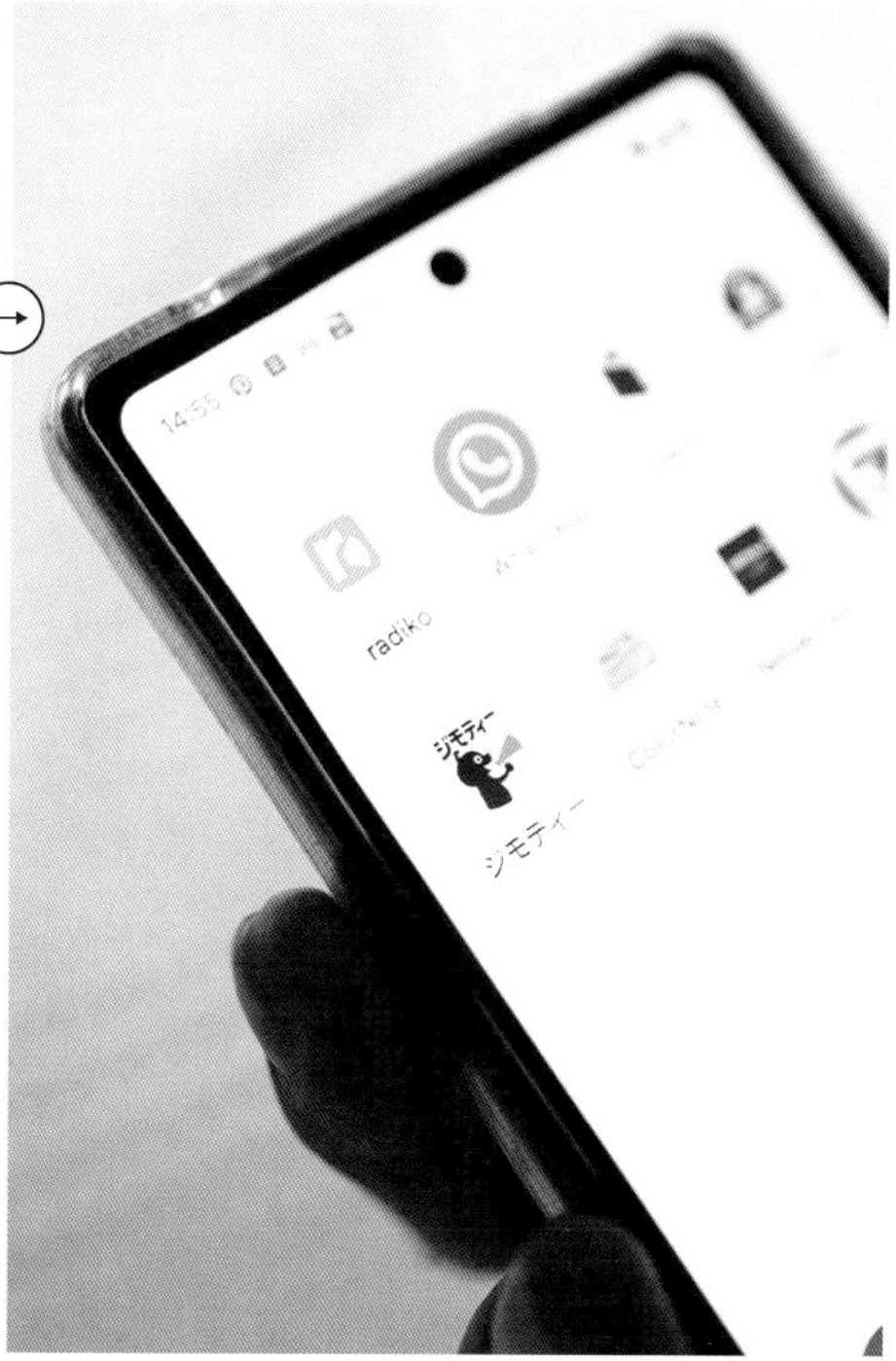

Example

CASE 4

金子朋子さん・哲也さんの
「あたりまえ」の見直し

Type：戸建て
間取り：4DK
Resident：2人

三日坊主は悪いことじゃない

日々のルールは「守る」より「楽しむ」が大事。

POST
KANEKO/MOURI

広い庭の中にぽつんとたたずむ一軒家。見上げるほど大きなケヤキの木からは、風が吹くたび次々に色づいた葉が舞い落ちる。

「落ち葉がすごいでしょう。いくら掃いても終わらないんです」そう言って、玄関掃除の手を止めて迎えてくれたのは、金子朋子さんと夫の哲也さん。ふたりが築50年になる庭つきの古民家に出会ったのは2019年秋のこと。縁側のある二間続きの和室をフローリングに張りかえ、庭にはウッドデッキをつくった。〝もっとこうだったら〟を少しずつ自分たちの手で叶えるリフォーム作業は、今も進行中だ。

「白い壁に憧れて漆喰も塗りました。大変だったけれど、とにかくめちゃくちゃ楽しかったですね」

そう話す哲也さんは、DIYに加え、登山に

キャンプ、さらにはトライアスロンまでこなす活動的な人だ。

一方の朋子さんは根っからのインドア派。

「独身時代は都心暮らしで、夜中まで飲んで、そのままレイトショーを見て、明け方に帰って昼まで寝る……そんな生活。それが彼と出会い、キャンプや登山を楽しむようになり、少しずつすこやかな生活の心地よさを知りました。そうして、一軒家で暮らしたいね、畑もやりたいね、なんて家を探し始めたときに出会ったのがここだったんです」

ふたりの朝は早い。哲也さんは夜も明けきらない3時頃に起き出し、畑の様子を確認したあとコーヒーをいれ、自分の時間を満喫する。朝の静かでひんやりとした空気に身を置くと、それだけで非日常を味わえるのだという。登山やキャンプで過ごす早朝の時間は格別だ。早起きは、その特別な気分を日常の中で手軽に感じられる手段なのだという。

一方、朋子さんも5時頃には目覚め、週2～3回、早朝のランニングに出かける。

「健康とダイエットのために始めたんです。そうしたら彼に『そんな目的じゃ続かないよ。まずは楽しまなくちゃ』と言われてハッとしました」

だから雨が降ったら迷わず休むし、気乗りがしない日は走らない。楽しいな、走りたいなと思う気持ちを大切にしていれば、だんだんやる気はついてくる。そのうち、「走ったほうが心地いい」と感じられるようになれば、しめたもの。

「今までは仕事を始めるギリギリまで寝ていたのが、走り出したら、よしやるぞ！と仕事モードにパッと切りかえられて、気持ちよく感じ始めました。でも、同じように始めた縄跳びは、あっという間にやめてしまったんです」

楽しくない気持ちに目をつぶってがんばったり、三日坊主に落ち込むより、自分が楽しめるものを見つけていくほうがずっと健康的だろう。

ふたりが「一軒家で畑をしながら、心身ともにすこやかに暮らす」ことをより強く意識するようになった背景には、『人生フルーツ』という一本のドキュメンタリー映画がある。

「庭で野菜や果物を育てながら、それぞれに仕事や好きなことに打ち込んでいる夫婦の話です。ひとつ屋根の下、いい距離感で暮らしている姿に、自分たちの理想が重なりました」と朋子さん。

「今は情報があふれていて、調べれば調べるほどわからないことだらけ。畑のやり方も、どれが正解？と揺れていました。でも、この映画で『あなたはあなたのやり方でいいんだよ』と教えてもらった気がします。できた実が小さくても、それはひとつの結果。自分のやり方で、楽しく前に進んでいくことが大事なんだと気づいたんです」

早起きも運動も、健康的な食生活や畑仕事も、正しさより楽しさがあるから続けていける。最近、朋子さんはスマホを見る時間を見直した。

映画『人生フルーツ』（2017年）。建築家の津端修一さん・英子さん夫妻が、雑木林に囲まれた一軒家でコツコツと真摯に、豊かに暮らす様子を追った作品。

「無理にやめたというよりも、ウッドデッキでごはんを食べて、夫婦でおしゃべりしているほうがずっと楽しいと気づきました。落ち葉掃きも、野菜の堆肥になると思うとワクワクします」

暮らしのルールは守るためではなく、人生を楽しむためにある。哲也さんは言う。

「畑も立派な作物を育てるという目的だけだったら楽しめません。土をいじるって気持ちがいいとか、できた野菜は小さいけれどやっぱりおいしいとか、そういう喜びがいちばん大事です」

旅は目的地も大切だけれど、あとあと記憶に残るのは、その道中だったりする。過程を楽しむのは、人生も同じなのかもしれない。

Profile

かねこともこ・てつや／東京都在住。築50年の古民家を自分たちで改装しながら、郊外暮らしを楽しんでいる。DIYやアウトドア、インテリア、料理など暮らしの様子を切り取るインスタグラムも人気。@cnc_ie

ダイニングテーブルの上にものを置かない

「好きなものに囲まれた暮らしだからこそメリハリはしっかり。特にダイニングテーブルは面積が広く、ついものを置いてしまいがちなので、あえて〝置かない〟と決めました。かわりにテーブルと同じ高さの棚を彼につくってもらい、その上にだけは置いていいというルールに。棚の中は長く大切にしたい雑誌を厳選し、とり出しやすく並べています」（朋子さん）

配置の工夫

ものが多いゆえ、そのための定位置は必ず確保。二間続きの和室をひと部屋にリフォームした一室では、欄間に棚板をとりつけ、本の収納スペースに。ここには哲也さんのアウトドアや山関連の本がずらり。

ものがよく見えて使いやすい配置を常に考える

「趣味が多く、DIYやDJ、畑仕事や登山にキャンプ、トライアスロンもやるので自転車や水泳も。その分、ものも増えますが、やみくもに増やさないよう、じっくりと長くつきあっていけるものを選ぶようにしています。そうすれば、最初は少々値が張っても、きちんと手入れをしたくなります。

気に入っていれば常に目をくばり、自然と配置を入れかえたり、見やすく使いやすい状態を心がけられるかもしれません。アウトドアグッズは、和室の床の間に棚を組み込んで収納できるようにしました。隣の押入れは、ふすまをとり払い、奥行きのあるデスクのように使っています」（哲也さん）

小さな違和感をそのままにせず自分仕様にととのえる

「畑を始めてから、野菜を食べる機会が増えました。さらに古民家暮らしということで、今の食卓には土っぽいどっしりとした器が似合う気がします。そんな変化が重なるうちに、器の選び方を変えたり、少しずつ手放したりするようになりました。使い勝手も、そのままでもだめではないけれど、面倒がらずにちょっと手を加えてみるだけで、暮らしは大きく変わります。たとえば、器は重ねて収納するとつい上のほうばかり使ってしまいがちですが、手持ちのディッシュスタンドをとり入れてみたら、一気に便利に。ものも収納も〝今〟に合わせて試行錯誤。小さな積み重ねで暮らしがちょっとずつよくなっていくのが楽しいです」

(朋子さん)

古道具店で見つけた食器棚の奥行きに合わせて、オーブンや鍋を置ける棚をDIY。もとは近いサイズの市販の棚を置いていたが、手作りすることで幅も棚板もジャストサイズとなり、見た目も使い勝手も上々の結果に。

「イケア」のディッシュスタンドはステンレス製。お皿に直接触れるのが気になり、木綿糸をキュッと巻いてみたところ満足の仕上がりに。「目にするたび、ちょっとうれしくなります」

よく使う調味料は、調理台の上にすべて並べている。コンロまわりがステンレスで掃除がしやすく、高さもあるため油ハネはほとんど気にならないのだそう。

湿気の多さを逆手にとった見せるキッチン

「古い家にトラブルはつきもの。特にびっくりしたのは梅雨の湿気の多さです。家じゅう悩まされましたが、なかでもキッチンのかごやまないた、ざるなどはすべてカビがびっしり生えてしまい、悲しい思いをしました。そこで吊り下げ収納にしてみたところ、使い勝手がいいし、いろいろぶら下がっている様子もわが家らしくてお気に入りに。じつは、引っ越したばかりの頃は〝湿気が多い＝換気〟だと思い、雨の日も窓を一生懸命開けていたんです。でもそれは逆効果なんですね。2年目からはきちんと窓を閉め、除湿機(p.104)を導入。吊り下げ収納の甲斐もあり、カビの悩みから解放されました」(朋子さん)

カビ被害を唯一まぬかれたのが、ヒノキのまないた。以来、素材を選べるものはすべてヒノキに。

タオルバーをとりつけ、調理器具からコーヒー道具まですべてぶら下げ。おかげで作業台はすっきり。

家事の見直し

洗濯にかける時間も工夫しだいで楽しくなる

「この家でいちばん気に入っている、日当たりのいい縁側。冬の午後は日だまりが延び、ぽかぽかと最高の場所です。だから洗濯物をたたむときは、ここが定位置。以前は面倒だと思っていた作業も、心地いい場所でやるだけで機嫌よくできるようになりました。縁側のある部屋にレコードを置いているので、洗濯物を干したりたたんだりする時間を音楽を楽しむひとときにしています」（朋子さん）

おすすめ「ながら家事」

1.レコード片面の約30分は、前日の洗濯物をたたんだり干したりするのとちょうど同じくらい。その日の気分で1枚を選び、針を落とすところから家事が始まる。2.床の間を使ったレコード収納とターンテーブルコーナー。

片づけはちゃんと、掃除はそこそこ

「古い家は掃除が大変ですよね、とよくいわれますが、じつはそんなにがんばっていません。普段は気になったときだけハタキでホコリを落とし、ワイパーで床をサッときれいにする程度。風が強いと廊下に砂が吹き込んでいることもしょっちゅうです。ただし、ものが多いので片づけはしっかり。必ず定位置に戻し、出しっぱなしにしないと決めました」（朋子さん）

上_自家製の塩麹としょうゆ麹、玉ねぎ麹は、それぞれ塩、しょうゆ、コンソメがわりに使えてうまみも増す。　下_かつおぶし粉と昆布粉は、地元の乾物店で教えてもらった、味噌汁に欠かせない品。これに乾燥海藻を加えて味噌をとくだけで簡単にでき上がり、鍋に半端に残ることもなく、しかもおいしい。

やる気のあるほうがキッチンに立つ

「料理は、早く仕事が終わったほうや、やる気があるほうが。ふたりでキッチンに立つ日も多いです。平日の夜は簡単に、野菜を蒸したり肉を炒めたりする程度で、あとは鍋で炊いたごはんと味噌汁があれば十分。ふたりとも疲れていたり、面倒に感じる日は、迷わず外食に出かけることにしています」(哲也さん)

結果はおまけ。過程を知ることに意味がある

「いざ畑を始めたら、肥料は有機か無農薬か……など、方法や考え方がたくさんあり、迷ってばかりいました。でも、まずは自分たちが興味を持って楽しめる方法でやってみようと思い直し、今は糸状菌という微生物の力で土から育てる自然農法にチャレンジしています。土が発酵によりあたたかくなってきて、なんだか愛着がわくんです。落ち葉や雑草も堆肥になるそうなので、この庭で循環をつくれたらおもしろいなと思っています。結果、立派な作物ができたらうれしいし、それに越したことはないのですが目的ではありません。ワクワクする過程がないと続かないですよね」（哲也さん）

習慣の見直し

お酒は週末だけ。ほどほど禁酒で心も健康に

「短期でジムに通っていたときに『お酒をやめたほうが効果が上がる』と言われて始めた、平日の禁酒。試しに炭酸水を飲むようにしたら意外と満足できたので、炭酸メーカーをとり入れました。レモンをギュッと搾って飲んでいます。お酒を飲むと、夕飯の片づけが面倒になり、そのままお風呂も明日でいいや～とダラダラしがち。お酒を抜くと食後もテキパキ動けるし、頭もすっきり。食後に映画を見たり、手芸を楽しんだりと自分の時間も増え、心も健康になった気がします。飲むのは楽しいけれど、飲まなくても楽しい、ということがわかったのも大きな収穫です」（朋子さん）

週末の過ごし方は「どこか遠くへ」だけじゃない

「アウトドアが大好きなので、あちらこちらの山やキャンプ場が気になり、行きたい場所は尽きません。でもこの家に来てから、家での時間も同じくらい楽しくなりました。ウッドデッキをつくったので、週末になるとここでのんびりウインナーや野菜を焼きながら、夫婦でお酒を飲んだりしゃべったり。七輪を譲ってもらい、バーベキューよりも気軽に炭火焼きができるようになりました。だんだんと日が暮れてくる空を見上げながら、ぼんやり月や星を眺めて、また飲んで、食べて。炭火のにおいやパチパチという音も含めて、キャンプのような気分を自宅でも味わっています」(哲也さん)

見直し後の愛用品

ハイパワーの
頼もしい除湿機

「引っ越してきて最初の梅雨は湿気との戦い。レコードやキャンプ道具もやられてしまい、いろいろと調べて導入したのが〈ナカトミ〉のコンプレッサー式除湿機。ぐんぐん吸ってくれるおかげで、カビが生えることはなくなりました」

琴線に触れる
柚木沙弥郎のアートブック

「『PLAY! MUSEUM』で開かれていた染色家・柚木沙弥郎氏の展示で買ったアートブックをときどき眺めています。原寸大の型染めを再現したページもあり、めくるとワクワクする刺激をもらえるので、いつも目につきやすいリビングに置いています」

街も山もスイスイ走れる
折りたたみ自転車

「旅先の自然の中で走ってみたいなと思い、車に積める折りたたみを購入。都内に車で出たときも、自転車があると小回りがきいて便利です。走る、泳ぐよりも気軽に体を動かせて、思いがけないお店や景色に出会える楽しさも増えました」

手間なくおいしく仕上がる
ヒノキのせいろ

「野菜も肉も卵も蒸すだけで一気においしくなる、せいろ料理が大好きです。以前、ざるやかごをカビさせてしまった教訓をもとに、少し奮発してヒノキ素材を選びました。夫婦ともによく食べるうえに来客も多いので、たっぷり入る28cmサイズです」

速乾＆清潔がうれしい
リネンのキッチンクロス

「コットンからリネンにかえてみたところ、乾きの速さにびっくり。ガラスへの繊維残りもありません。山梨でつくられている〈オールドマンズテーラー〉や〈アルディン〉のものを少しずつ集めています。登山時に首に巻いたり、お弁当包みに使うことも」

今だからのんびり聴きたい
カセットテープ

「レコードもいいのですが、最近見直し始めたのがカセットテープのおもしろさ。サブスクで音楽を聴くのとはまた違った、のんびりとしたよさがあります。デジタルにはない紙のレーベルも好きです。古道具店で見つけた、こね鉢を収納に使っています」

自分たちの手で暮らしをととのえたい。
土に触れ、生命の循環を感じたい。
日の出とともに目覚め、
朝日を浴びて一日を始めたい。

よく動き、よく食べ、よく眠る。
そんな理想的な暮らしは
楽しさと心地よさを味わった先にある。

楽しまなくちゃ、続かない。
だから、まずはやってみよう。手を動かそう。
三日坊主でも大丈夫。
次々と見つかるワクワクをつないでいくことが
人生の醍醐味なのだから。

常に意識しておきたい防災のこと。
緊急時の備え、どうしていますか。

防災グッズ

apartment301さん

日常使いしている寝袋があれば、避難所でも安心

布団がわりに毎日「スノーピーク」の寝袋をベッドに敷いて寝ています。軽くて場所をとらず、丸洗いできるので清潔。避難時の心細さも、毎日使っているもので少しは解消できるのではないかと思います。なお、冬は寒いので2枚重ねで。すき間風も入らず快適です。

神宮美保さん

サッと持ち出せるよう玄関にリュックをひとつ

充電器や携帯トイレ、軍手、ろうそく、ライターなど緊急避難用のアイテムをリュックの中に。避難生活で必要になりそうな水、ガスボンベはパントリーにストックを。普段はもう使っていない息子の抱っこひもも、4歳になるまでは置いておく予定です。

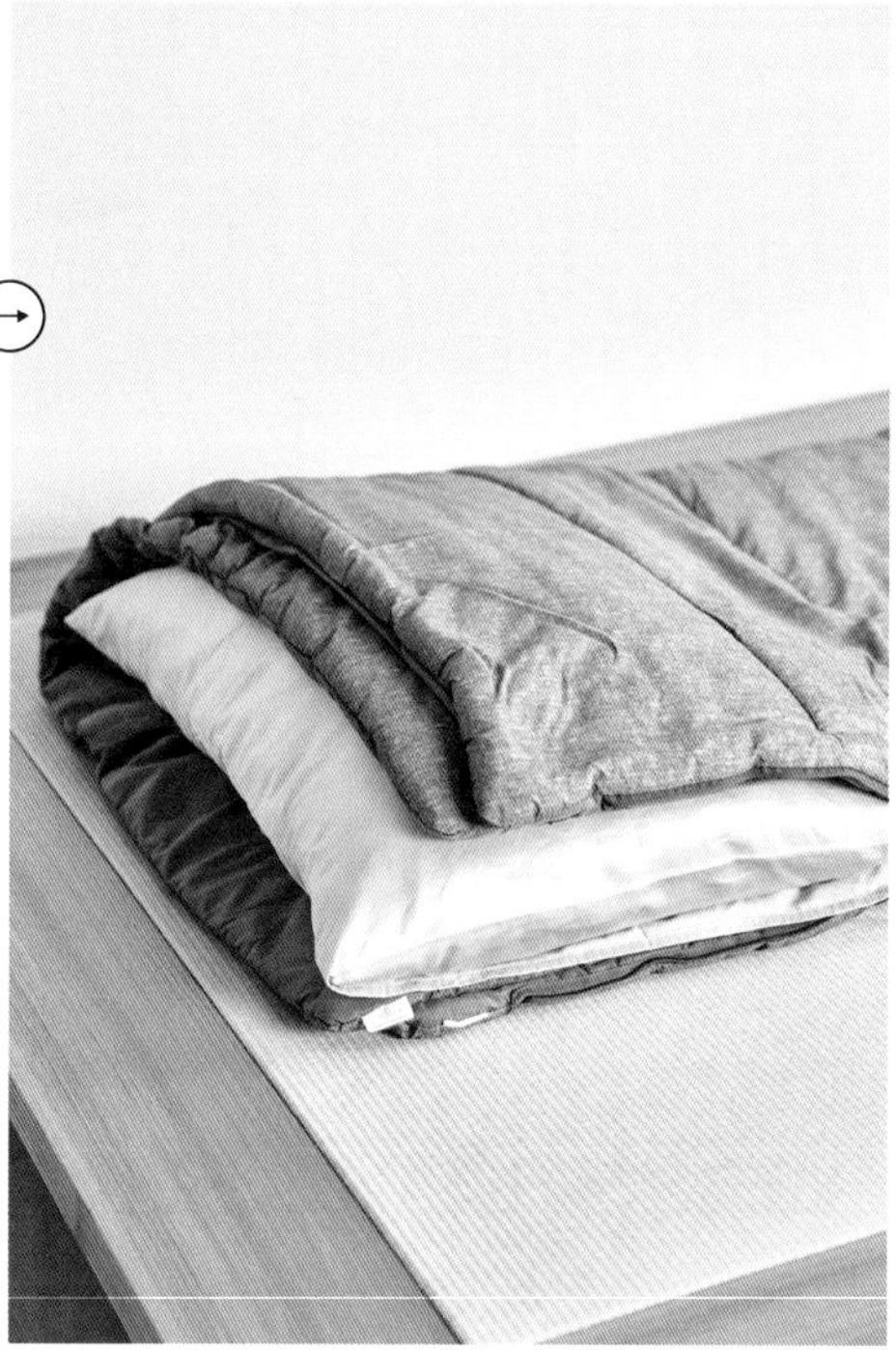

DISASTER PREVENTION GOODS

堺あゆみさん

手回しラジオなら「いつも」「もしも」どちらにも

非常時の準備とは別に、普段からそばに置いているのが手回しで充電できるラジオ。災害時に役立つのはもちろん、中学生の娘がラジオ英会話を聴くときにも使っています。いつもの風景をじゃましない、素朴でシンプルなデザインも購入の決め手です。

金子朋子さん・哲也さん

アウトドアの必需品をたっぷりストック

キャンプや登山に必須のガスボンベと電池。非常時はコンロや暖房器具、ライト、ラジオなどの生活必需品に直結するので、常に多めにストックしています。アウトドアグッズは、そのまま防災グッズになるものが多く、そろえておくと安心感があります。

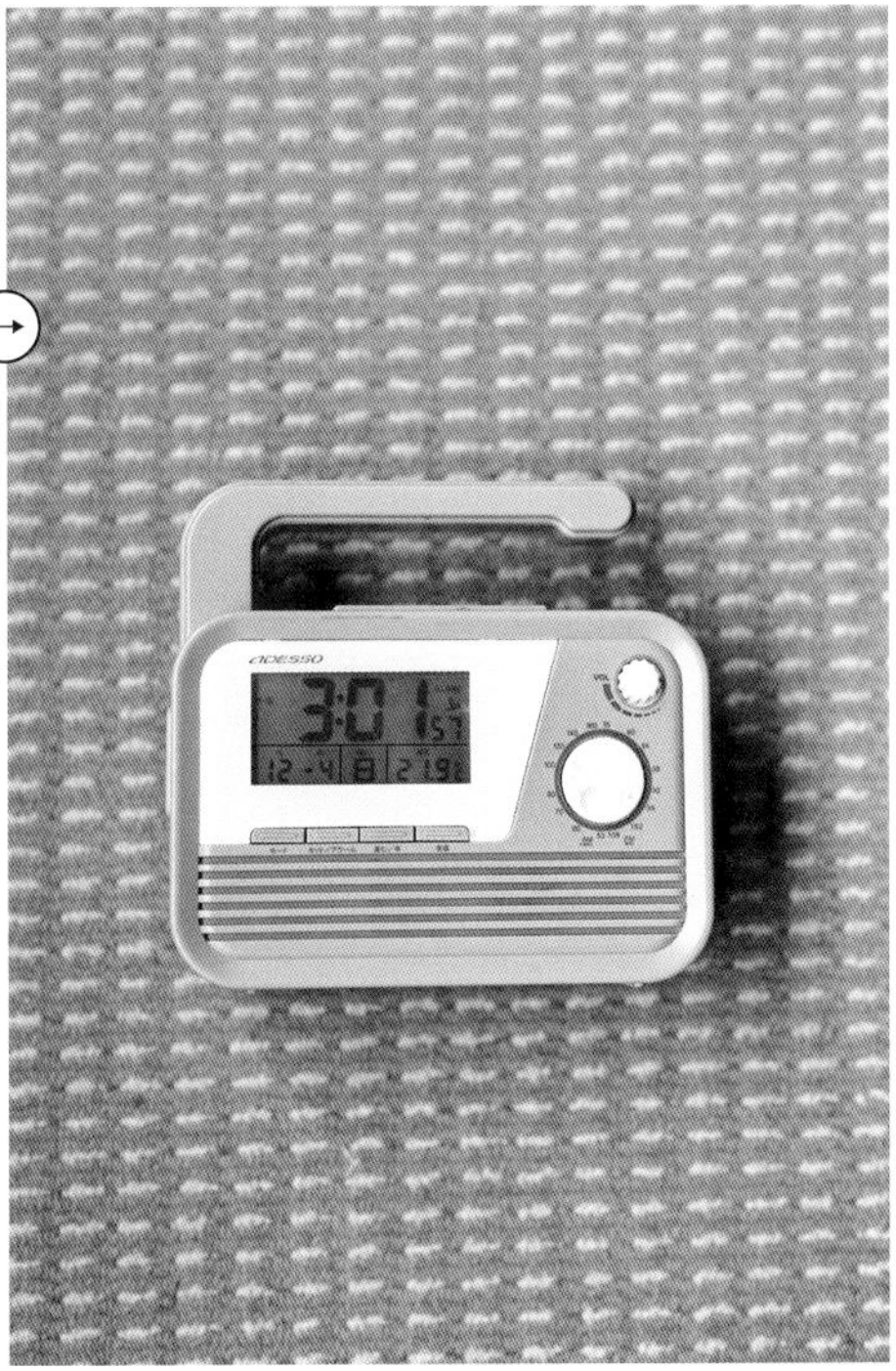

Interview

—

暮らしの改革

—

STORY 1

桒原《くわばら》さやかさん
オリバー・ルンドクイストさん

自分たちの「あたりまえ」や「価値観」を話し合いながら新たにつくっていく

長野県松本市。アルプスの山々を見渡す小高い丘に立つ家で、北欧と日本の文化を融合させながら暮らす一家がいる。桒原さやかさんと、スウェーデン出身のオリバー・ルンドクイストさん。文化や価値観の違うふたりが、お互いの「あたりまえ」を更新しながら暮らす様子をうかがった。

——純和風の古い家に、北欧テイストの家具やファブリックが映える素敵なお住まいですね。

さやかさん　丸3年が過ぎ、少しずつ自分たちら

Profile

ライター・エッセイストのさやかさんとウェブデベロッパーのオリバーさん夫妻。ともに「イケア」「北欧、暮らしの道具店」の勤務を経てノルウェーに移住。1年半を過ごし、現在は長野県松本市で4歳の長女、2歳の長男と4人で暮らす。

しい家になってきたと感じています。この家でいちばん重視したのは、じつはお金の面なんです。これからの生活について夫婦で何度も話し合い、一致したのが「気持ちに余裕がある状態を大切にしたい」ということでした。大きなローンを組まず、身の丈に合った予算で気持ちのゆとりを第一に。だからといって、ほかの条件を手放したのではなく、豊かな自然や街からの距離、間取りなどに優先順位をつけながら見つけたのがここです。

——いちばん大事にしたいことを最初にきちんと話し合い、共有したのですね。

オリバーさん　会話がコミュニケーションの基本です。日本で働き始めたとき、上司に対して直接意見するのを控える人が多いと知りました。北欧では相手が社長だとしても、自分の意見を伝えます。日本では自分の意見をはっきり伝えると、ネガティブに受け取られることもありますよね。でも、もっといいやり方があるかもしれないし、そこでぶつかったとしても新しい形ができる。

さやかさん　職場で出会った彼の第一印象は「闘う人」（笑）。それは悪いことではなく、現状をよくするためだったんです。もともと、わたしは気持ちをまったく言わず、限界がきたらドーンと爆発するタイプ。でも彼は、少しでも違和感があるとすぐに言ってくるんです。そのうちに、わたしも少しずつ言えるようになりました。初めての出

産と育児にバタバタしていた時期は、お互いにピリピリしていたこともあります。わたしも彼も目の前のことに手いっぱいで、一緒にいる時間は長いのに、話題は子どものことばかりで、自分たちの気持ちをきちんと伝えていなかったんです。

オリバーさん　このままじゃだめだと、「ちゃんと話そう」と声をかけました。夜のテレビもやめ、意識的に会話する時間を持とうと心がけたんです。

さやかさん　話し合うと「こんなふうにがんばってくれていたんだ」と、見えなかったことに気づけます。今は毎朝、食後に彼がコーヒーをいれてくれるので、その隣でカップやおやつを準備するひとときが自然と会話の時間にもなっていますね。

オリバーさん　日常的に会話をしていれば、違和感やギャップを小さいうちに埋められます。「この動画おもしろいよ」とか、なんでもないことでもいいので、とにかく話すことが大事です。

さやかさん　北欧のお国柄なのか、彼はとても合理的できれい好き。反対にわたしは感情で考えてしまうし、ちょっとズボラです。だからこそ言葉にして歩み寄りながら、気持ちよく過ごせるポイントを見つけてきた気がします。

――めざす形を共有すると、日々の取捨選択もスムーズにいきそうですね。

さやかさん　ノルウェーに住んでみてわかったのは、北欧だから暮らしやすくてしあわせなわけで

はない、ということでした。大切なのは住む場所ではなく、自分をよく知ることだったんです。向こうではみんな、自分はどんなものが好きか、どんなふうに暮らしていきたいかを知っています。それを夫婦で考えたとき、わたしたちの結論は「子どもと楽しく過ごしたい」ということでした。

オリバーさん　父がそうだったように、結婚するなら家族優先で、DIYを楽しみながら暮らしたいという理想がはっきりとありました。それが、住まいだけでなく仕事の選び方にもつながったのだと思います。18時までに終われることや土日にきちんと休めること、自宅で働けること。転職しながら、ひとつひとつ理想の暮らしを実現できる環境に近づけていきました。

さやかさん　わたしは、以前は「この椅子が欲しい」と、ものから入るタイプだったんです。それだと、わたしは好きでも彼が好きでなければ、それで終わり。でも彼の場合は、こんなふうに家族で過ごしたい、こんな時間を持ちたい、というイメージから始まるんです。そうすると、この椅子に限らず、こっちもいいかもね、と話も広がります。今はSNSでよその暮らしが簡単に見えるからこそ、自分たちがどう暮らしたいのか、そのイメージをきちんとすることで、優先順位や大事にしたいことがわかるのだと思います。

――では、これから実現していきたい理想はあ

ります か？

さやかさん　欲を言えば、もっと自分時間が欲しいかな。でも、やっぱりいちばん大切にしたいのは子育てなんですよね。自分時間はもう少したったら自然と戻ってくる気がしています。

オリバーさん　わたしも仕事でチャレンジしたいことはありますが、「今」ではないと感じています。仕事に大きな変化を求めたら、慣れないことに手間どって家族との時間が減るかもしれません。まだまだ手のかかる時期だし、今は子育てを目いっぱい楽しみたいですね。最近、家族で過ごせるウッドデッキをつくり始めました。みんなでバーベキューやピクニックをするのが楽しみです。

二間続きの広い和室をフローリングに張りかえ、壁に漆喰を塗ったことで明るく広々としたリビングに。夏は素足が気持ちよく、冬には薪ストーブと大きなツリーが主役になる。この日は長女の春ちゃんは幼稚園に、明くんは隔日で通う一時保育がお休み。

心地よく暮らすための見直し

2
洗剤やシャンプー、ティッシュなどの消耗品は、在庫管理を一元化。補充しやすいうえ、買い忘れやふたりで重複買いすることもなくなった。

1
スマホカレンダーの共有機能を活用。「保育園のお迎え」「可燃ゴミ出し」といった予定も入力することで、負担の偏りやうっかり忘れを防止。

4
仕事前に家のまわりをぐるりと歩きながら、気持ちを仕事モードに切りかえる。短時間でぐっと集中するための小さなひと工夫。

3
気持ちよく仕事を始められるよう、ひとりが保育園に送りに行っている間に、ひとりは簡単に片づけや掃除を。家が仕事場だからこそメリハリをつけるように。

手放したこと

○ 無理してつくる自分時間
○ 仕事優先の暮らし

「自分時間を捻出しようと無理していた時期もあった」と、さやかさん。でも、子育てを最優先にしようと決めたらすっきり。オリバーさんも「もっと仕事にチャレンジしたい気持ちもあるけれど、今は目の前の子育てがいちばん」ときっぱり。

とり入れたこと

1 小さなスケジュールも二人で共有
2 日用品、消耗品を集約し、在庫を一目瞭然に
3 朝、子どもを送り迎えに行かないほうが家を片づける
4 始業前の10分散歩

手放したもの

◯ かわいい日用品
◯ 洗濯物干し

素敵なデザインの日用品を探すのは楽しいけれど、そのために手間と費用をかけるのはやめて、近くのスーパーでそろうものを定番に。ノルウェー生活で乾燥機の便利さを知り、帰国後は洗濯乾燥機を導入。干す習慣そのものがなくなった。

とり入れたもの

1 アロマディフューザーと
アロマオイル
2 「ツルヤ」オリジナルの浅漬の素
3 土鍋のごはん窯
4 スタンディングデスク

2 きゅうり、にんじん、かぶなどの野菜を切って漬けておくだけで、ごはんに合う一品が完成。近くのスーパーで買えるところも気に入っている。

1 まだ子どもが小さく、ひと晩熟睡するのは難しいさやかさん。少しでも睡眠の質を上げようと「iHerb」で買った安眠アロマを毎晩のおともに。

4 「イケア」で購入した、高さを変えられるデスク。立ったままパソコンに向かうことで、ダラダラせず仕事に集中でき、家族との時間も増やせる。

3 献立の種類を増やすより、基本のごはんをとびきりおいしく炊こうと信楽焼の土鍋を導入。「料理をがんばっている」という気持ちも満たしてくれる。

Interview

—

暮らしの改革

—

STORY 2

柿崎こうこさん

好転への足がかりは
今の自分の中にある

40歳を過ぎた頃から感じる、人生後半戦への不安や焦り。多くの人と同じように、柿崎こうこさんもそのもやもやの中にいたという。そんな混沌とした鈍色の日々に再び光がさし始めたのは、50歳を迎えた頃。「過去」でも「未来」でもなく、「今」を見つめたことが、そのきっかけとなった。

——ここにはいつからお住まいなんですか？

２０２０年の３月、50歳を目前に越してきました。振り返ると、その直前の40代は迷走していました。41歳で離婚して、その後再婚を考えた人とも関係性を解消。そこで心機一転、ひとりでがんばろうと45歳で前の家に引っ越したのはいいけれど、頭の中で想定していた働き方は30代のまま。バリバリ働かなければ住み続けられない家だったんですよね。でもそんな勢いで働く体力はもうないし、仕事の量や質も変わってくるし、実家にも対処すべき問題が発生して……。不安や焦りが募り、イラスト以外にも何かやらなければと、アロマや金継ぎ、骨董を勉強したりもしました。でも「これだ！」と思えるものがなくて、やっぱり私はイラストなんだと確信。過去に固執したり、先のわからない未来に悩むより、今の自分ができることと、できないことを直視して、好転するために何ができるのかを考えようと思うようになりました。

——考え方を切りかえたのですね。

これからの自分の暮らしを考え続けるうちに、

Profile

かきざきこうこ／1970年青森県生まれ。セツ・モードセミナー卒業後、96年からイラストレーターとして活動。現在は神奈川県で猫のまるお、しろと暮らす。著書に『50歳からの私らしい暮らし方』（エクスナレッジ）　https://www.kakizakikoko.com

これまであたりまえとしてきたものの中に、もう必要でなくなったもの、今後の人生では優先しなくていいものがあるかもしれない、と。そう気づけたことがうれしかった。年齢を重ねる中で価値観も変わっているのに、「私はこうだから」と以前の価値観に固執し、それが現実とずれてきていたから苦しかったのかもしれません。

——具体的にどんなことをされたんですか？

まずは生活費を見直しました。昔からお金の管理が苦手で、老後のこともあまり考えず、ずっと同じような生活を続けていたけれど、それではだめだと思って。老後の備えの必要性をリアルに感じ、固定費、なかでも金額の大きい住居費を節約すべきだと、引っ越しを決めたんです。

——以前は都内にお住まいだったんですよね。

世田谷区の築浅マンションの1LDKでした。絵の仕事を志して青森から上京してきた私にとって、東京暮らしはがんばっている証しだったんです。事務所兼自宅なのだから、刺激が多くてフットワークのいい立地は譲れないと30年間都内にこだわり、宅配ボックスや24時間ゴミ出しOKの便利さも必要だと思っていました。

——便利さはその分、家賃に反映されますものね。

そうなんです。でもこれからの暮らしでの優先順位を考えたら、そういう便利な機能や、都心に暮らすという小さな見栄よりも、家賃が下がることのほうが大切だとすんなり思えました。

――家賃以外に重視した条件は何でしたか？

独身でフリーランスなので、心と体が健康でいられる暮らしが第一。以前は仕事もプライベートも同じ部屋でしたが、仕事部屋を独立させ、オンとオフを切りかえて健康的に生活することを目標にしました。猫と暮らせることも条件にしたので、そのためにも広さは必要。ですが家賃を下げて広い家というのは、都心では難しい。それで郊外にも範囲を広げて家を探したんです。

――期間はどれくらいかかったんですか？

ペット飼育可能の物件というだけでも少ないんですが、南向きのLDKも条件にしていたので、1年くらいかかりました。都心から電車で約30分のエリアで、最寄り駅から徒歩15分。家賃は4万円も下がりました。

――それは大きいですね！

2年で100万円近くの差になるんですよ！引っ越し代はかかったけれど、やっぱり動いてよかったです。あと、ここが古い物件ということもあり、こだわりすぎることもなくなりました。以前は器や家具などを自分好みのものだけにしたいというこだわりが強くて、目に入るところだけでなく、納戸の中に至るまで徹底していました。でもこの家はリフォームこそされているけれど、古い分、傷みもあって、賃貸だからある程度目をつぶらざるをえない。ならば、もう細かい部分にまでこだわるのはやめようと思えたんです。

――この家だから生まれた余裕ですね。

そうですね。前の家より条件は劣るし、若いときには選ばなかった物件かもしれません。でも年を重ねた分、マイナス面を克服するための工夫を楽しめるようになりました。しみついていたにおいや汚れをとる方法を調べて実践したり、和室の〝ザ生活感〟を抑えるために、ものを少なくしたり。うまくいくと「私すごい！」とうれしくて。コロナ禍でリモート打ち合わせが増え、宅配便も「置き配」ができるようになったので、都心から離れたことや、設備面の不便さもあまり感じていません。ひとりでは使いにくそうだと感じていた3DKの細かい間取りも、用途別に部屋を使い分けることで、メリハリのある生活につながりました。

――なによりの変化は猫を迎えたことですね。

そうなんです！　まるおを迎えたのは2021年の5月。保護猫サイトで見て運命を感じて。その1年半後、猫同士で遊べるようにと、しろを迎えました。私はあまり寂しがり屋のほうではないのですが、一度この暮らしを経験したら、猫のいない生活はもう考えられません。

――猫との暮らしは長年の念願だったんですか？

数年前に留守中の友人の飼

北側の洋室が仕事部屋。ウンベラータなど耐陰性のあるグリーンを置いて、なごめる空間に。猫は、茶白がまるおくん、白黒がしろちゃん。猫の健康維持のために不可欠な水をいつでも飲めるよう、仕事部屋も含め4カ所に水飲み場を用意。

い猫をお世話したことがあって、猫のかわいさは実感していましたが、そのときはまさか自分が飼うとは思っていませんでした。でも今回の引っ越しについて考える中で「これを機に猫との暮らしを始めるのもいいかも」とふと思いついて。そうしたら引っ越しが、がぜんワクワクするものになったんです。

――その切りかえも素敵です。

何かをあきらめて仕方なくする引っ越しにはしたくなかったんです。結果的にはよかった！と思えるものにしたくて。今、趣味となっている空手も、やってよかったもののひとつ。ふさいだ気分を晴らそうと、高校生のとき以来に再開したのですが、体を動かすことで心身ともにすっきりして、週1回以上稽古に通っています。今後も元気に働くためには、なにより健康が大切ですから。

――「今」をどう過ごすかが重要ですね。

そう思います。今に目を向け、生活費を見直したり、家をととのえたりと目の前のことを淡々とやっていく中で、今後、自分が大切にしたいことを掘り下げられました。そして古い家の不便さも知恵と経験で〝いい感じ〟にできた今の自分なら、次に困ったことが起こってもなんとかできるだろうと思えるようにもなりました。将来への不安は尽きることはありませんが、50歳を前に見直したいろいろが、これからを生きやすくなるよう導いてくれた気がしています。

心地よく暮らすための見直し

2

最近、空手のハードな動きで体を痛めやすくなったためストレッチを日課に。入浴後、YouTubeのヨガ動画を見ながら10〜20分、その日の体調に合わせて。

1

40代半ばに、高校時代にやっていた空手を再開。体力アップはもちろん、気分もすっきり。努力した分、上達するのもモチベーションになり、大会で準優勝も！

4

冷蔵庫に旬野菜のぬか漬けを常備。料理できない日も、ごはんと味噌汁にぬか漬けがあれば健康的な食事に。ぬか床は無農薬・無肥料の「ヌカバー」を愛用。

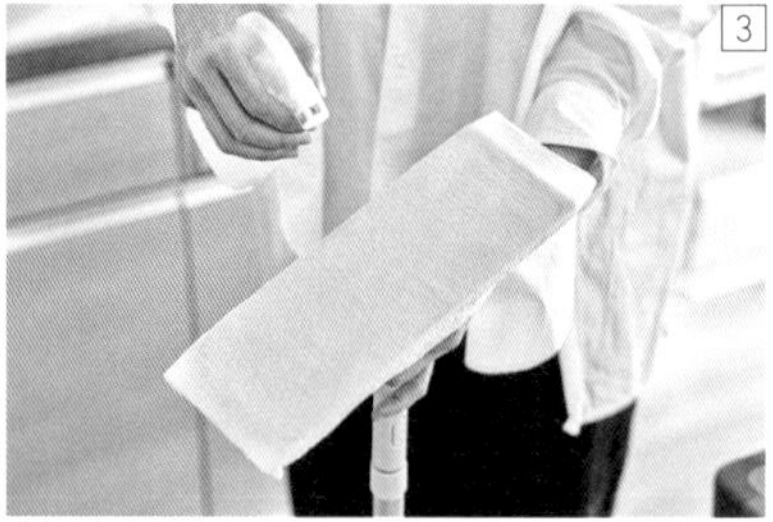

3

朝は掃除機、夜はフローリングワイパーで拭き掃除。猫のために洗剤は使わず、ぬらした厚手のキッチンペーパーにセスキやクエン酸をスプレーして使用。

手放したこと

○ 人づきあいで無理をすること
○ 毎晩の飲酒

以前は無理してまで応じていた人づきあい。引っ越しで暮らしが心地よくなるにつれ自分を大切にしたい気持ちが芽生え、難しいときは断るように。また寝る前の日課だった晩酌はコロナウイルス療養での断酒を機にやめ、飲酒はたまの楽しみに。

とり入れたこと

1 空手
2 ストレッチ
3 一日2回の床掃除
4 ぬか漬け

手放したもの

- スリッパ
- テレビ（部屋に置かず押入れに保管）

場所をとり、汚れも気になるスリッパは使うのをやめた。素足で心地よく過ごせるよう床掃除が習慣に。以前はつけっぱなしだったテレビは、YouTubeを見るようになって自然と疎遠に。普段は押入れに収納し、見たい番組があるときだけ出すように。

とり入れたもの

1　ちょうどいい容量の冷蔵庫
2　プロテイン
3　ハーブティー
4　健康促進食材

2

体づくりに不可欠のたんぱく質。ひとりだと肉や魚が不足しがちなので、成分を厳選したプロテインを豆乳に溶かして朝晩愛飲。かご収納で空間になじませて。

1

ひとり暮らし用より少し大きく、すっきりデザインの「AQUA」に買いかえ。鍋やぬか床も難なく収納できるのがしあわせ。上のスペースは、まるおもお気に入り。

4
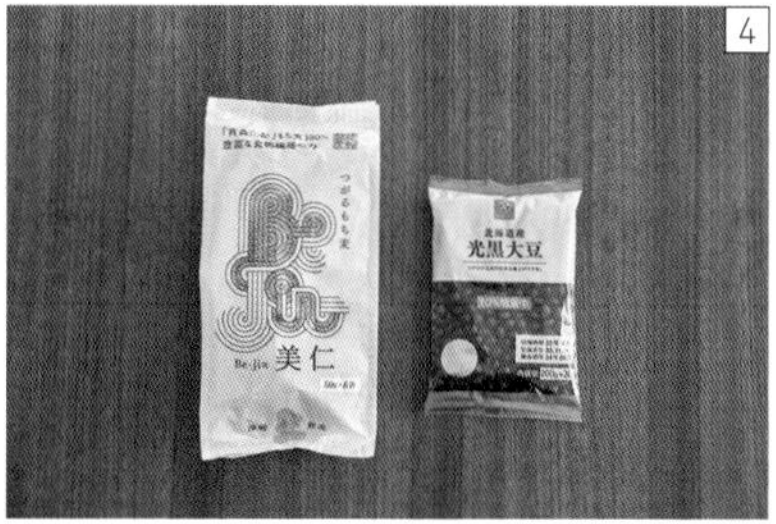

女性ホルモンに似た働きをする黒大豆や食物繊維が豊富な無農薬のもち麦など、健康にいい食材を白米に炊き込んで、ごはん1杯でも栄養がとれるよう工夫を。

3

晩酌がわりに、安眠を促すカモミールやさわやかな香りのルイボス、のどにいいブレンドなど多彩なハーブティーを。ノンアルコールなら朝の目覚めも快適。

EPILOGUE

「あたりまえ」は
その人の経験によって形づくられるそうです。

それが突然、できなくなったり、
違和感を覚えたりする場面に出くわして、ようやく
それまでの「あたりまえ」に気づけるのかもしれません。

時代の変わり目といわれ、
それまでの常識がそうではなくなってきている世の中で
今まさに〝「あたりまえ」の見直し〟を
行っている人も少なくないはず。

ここに登場する6組のかたがたがそうであったように
その見直しはきっと、今後の人生の糧。
心地いい方向に軽やかに舵をきっていきましょう。

Staff

装丁・デザイン _ 川村哲司 (atmosphere ltd.)

写真 _ 清永 洋 / カバー、表紙、p.1、6 ～ 30、32 ～ 56、82、108、118 ～ 127
衛藤キヨコ / カバー、表紙、p.2 ～ 5、31、57 ～ 81、83 ～ 107、109 ～ 117

取材・文 _ 藤沢あかり / p.31、57 ～ 81、83 ～ 107、109 ～ 117
吉永美代 / p.118 ～ 125

校正 _ 荒川照実

編集協力 _ 坂東璃生

編集 _ 多田千里

DTP _ 松田修尚（主婦の友社）

編集担当 _ 天野隆志（主婦の友社）

衣《い》食《しょく》住《じゅう》「あたりまえ」の見《み》直《なお》し

令和5年3月31日　第1刷発行
令和5年9月10日　第3刷発行

編　者　主婦の友社
多田千里《ただちさと》

発行者　平野健一

発行所　株式会社主婦の友社
〒141-0021
東京都品川区上大崎3-1-1
目黒セントラルスクエア
電話　03-5280-7537
（内容・不良品等のお問い合わせ）
049-259-1236（販売）

印刷所　大日本印刷株式会社

ISBN978-4-07-454110-2

■本のご注文は、お近くの書店または主婦の友社コールセンター
（電話0120-916-892）まで。
＊お問い合わせ受付時間　月～金（祝日を除く）　10:00 ～ 16:00
＊個人のお客さまからのよくある質問のご案内
https://shufunotomo.co.jp/faq/

＊本書に記載された情報は、本書発売時点のものになります。その後、情報が予告なく変更される場合があります。＊本書に掲載されている製品などはすべて私物です。現在入手できないものもあります。